トマス・アクィナスにおける神の似像論

三谷鳩子

東北大学出版会

Man as an Image of God in Thomas Aquinas

Yasuko MITANI

Tohoku University Press, Sendai
ISBN978-4-86163-273-0

はじめに

『創世記』第一章第二十六節では、神は人間の創造に際し、「我々にかたどり、我々に似せて人を造ろう」と言った、と述べられている。[1] すなわち、人間は「神の似像《にすがた》(imago Dei)」として造られたというのである。さらにキリスト教では、この大宇宙の中にあって人間は小さな存在者にすぎないにもかかわらず、その一人ひとりが「神の似像」を与えられていると解されている。

しかし、人間が「神の似像」であるとはどういう意味においてであろうか。これを解明することは、人間というものを探究する上で極めて有意義なことと思われる。われわれが人間を単に群衆として、あるいはあたかも人格を有しない群衆の一単位として把握するのではなく、神の似像を写し出す一個の人格として把握したとき、その中に崇高な尊厳が垣間見られるのではないかと筆者は考える。そこで本書では、中世を通じて様々な「神の似像」が論じられてきた中で、この問題について優れた洞察を示したトマス・アクィナスの「似像」論の内実を解明することを課題とした。

中世の似像論のうち最も有名なアウグスティヌスのそれによれば、人間が「神の似像」であるとは、人間精神のうちに「記憶・知解・意志」の三一構造があり、これが神の三位一体性を写し出している、と言われている。他方、トマスが「神の似像」について述べている箇所は少ない。しかし、トマスは常に人間を「知性と意志」という知性的精神を持つ者として論じ、アウグスティヌスの「神の似像」から「記憶」を削除している。これは能力における低位の「神の似像」を表現するものであるが、トマスはなぜアウグスティヌスにおいて重要な意味を持つ「記憶」を「神の似像」から削除したのか、という疑問も生じてくる。

そこで、本書はトマスの初期の著作である『命題集註解』から順に、『真理論』、『神学大全』と、彼が「神の似像」について論じている箇所を一つひとつ丁寧に読み込むことに留意した。そうすることによって、トマスが従来の似像論を発展させ、造り変えながら独自の似像論を形成していく過程を追跡できると考えたからである。さらに、その過程をとおして、トマスにとって人間が「神の似像」であるとはいかなることを意味するのかも判明してくるものと思われる。その際、トマスがなぜアウグスティヌスの「記憶」を削除したのかという問いに特に注目したい。その根拠が解明されれば、トマスの似像論の独自性も浮き彫りにされることになると考えるからである。この記憶の削除という点に正面から取り組んだ論文は今のところ発表されていない。したがって、この点を明確にすることによって中世を代表するアウグスティヌスとトマスの似像論の差異が見極められることは有意義なことと考える。

本書の序章では、中世の似像論の代表的研究の梗概を述べ、次いで、その基礎となっているアウグスティヌス『三位一体論』の似像論を概観する。

第一章では、先ずペトルス・ロンバルドゥスの『命題集』における「似像」の諸定義を検討し、次いで、『命題集註解』においてトマスがロンバルドゥスの定義を拡充し厳密化していることを論じる。

第二章では、『真理論』におけるトマスの似像論を考察する。先ず、第十問題第一項から第三項までにおける、トマスによる「精神」の、そして「記憶・知性認識（知解）[2]・意志」の存在論的・霊魂論的分析を検討する。特に次の点に注意を払いたい。第一に、トマスによる「記憶」の扱いに注目する。第二に、似像概念の分析に、可能態・所有態・現実態というアリストテレス存在論の概念が用いられている点に注意を促す。本章では次いで、第十問題第七項を中心に、トマスが彼独自の似像論を形成する過程を見定める。その際、「類比（analogia）」による類似から「同形化（conformatio）」による類似に進むにつれ、人間が神の似像として完成されていくという考えに注目する。

第三章では、アウグスティヌスの三位一体なる神の似像の規定から「記憶」を削除したトマスが、記憶に関係する事柄をどう扱ったのかを検討する。先ず、アウグスティヌスの思索において重要な「自己の記憶」、「神の記憶」の問題をトマスがどう考えたのかを追跡する。次いで、アウグスティヌスにおいては記憶が担っていた、「言葉と愛の発出」の根源たる役割を、トマスにおいては何が代わりに担うことになるのかを見定める。

第四章では、『神学大全』における似像論について考察する。第一部の第三十五問題と第九十三問題の前半では、トマスの「似像」の把握は『命題集註解』におけるそれを踏襲しているが、第九十三問題第五項以降で、より動的な「似像」理解が示されていることを論じる。

第五章では、「記憶」の扱いをめぐる、アウグスティヌスからのトマスの離反の内実を明らかにするために、トマスにおける自己認識の扱いを検討する。たしかにトマスは『真理論』において所有態的な自己認識について語っており、これはアウグスティヌスの「自己の記憶」に近い。だが『神学大全』においては、所有態的認識は正規の認識ではなく、それが現実態にもたらされて初めて霊魂に現前するとされていることを論じる。

第六章では、人間における「神の似像」の完成にとって不可欠な恩寵について考える。そして、トマスにとって恩寵は一つのハビトゥスであると主張する。

トマスの似像論は、アウグスティヌスの似像論と比べても、またトマス研究の主題としても、取り上げられることが少ない。しかしそこには、存在論的・霊魂論的観点から見ても、トマスの的確な人間把握と、「人間は神から出て、神に還る」という彼の壮大な人間観が、鮮鋭な形で伺える。その意味で本書は、トマスの人間論の基本的性格を見据える独自の視座を提供しようとするものである。

(1) これは『聖書』の新共同訳であるが、本書でこの句の様々な解釈を論じることになる。直訳すれば、「我々の像と類似へと(ad imaginem et similitudinem nostram) 人を造ろう」となる。「私」ではなく「我々」と複数形になっているのは、神の位格(personae) が父と子と聖霊という複数であることを反映したものだとキリスト教では解されている。
(2) "intelligentia" はアウグスティヌスにおいては「知解」と、トマスにおいては「知性認識」と訳すのが一般的である。トマスは初め "intelligentia" を能力と捉えていたが、徐々にそれが「知性 (intellectus)」という能力の現実態であることを理解するに至る。

トマス・アクィナスにおける神の似像論　目次

序章

第一節　代表的研究史

本節では、本書の扱う諸テーマに関する代表的な先行諸研究を回顧し、それらの研究の間に本書を位置づける。そうした諸テーマとは、一．トマスはアウグスティヌスをどう受容したか、二．トマスは「人間は神の似像である」という教えの意味をどう解したか、三．トマスの似像論には発展が見られるか、四．『真理論』第十問題に似像論は含まれるのか、五．トマスの似像論において「記憶」は削除されたのか、六．『神学大全』において「神の似像」論は重要な位置を占めているのか、である。

一　トマスはアウグスティヌスをどう受容したか

一二世紀に西欧世界に再導入されたアリストテレス哲学を積極的に受容したトマスが、それまでの西方教会の権威であったアウグスティヌスに対してどのような態度を取ったのかについてみると、そこには様々な解釈がある。アウグスティヌスに対するトマスの態度を否定的なものと見る論者には、エティエンヌ・ジルソンとG・V・ヘルトリンクがいる。ジルソンによれば、トマスはたしかに認識論に関してアウグスティヌスを体系的に批判したことはないが、キリスト教哲学の基礎としてはアリストテレスを採用し、アウグスティヌス的伝統から離反したと言う。[1]ヘルトリンクは、トマスは表立ってではなく間接的にではあるが、アウグスティヌスを訂正していると言う。[2]

他方、トマスはアウグスティヌスの思索をアリストテレス主義と同様に積極的に受け入れたとする解釈者に、バーナード・ロナガンとジャック・マリタンがいる。ロナガンは、トマスがアリストテレス哲学とアウグスティヌス神学を融合したと言い、[3]マリタンは、トマスこそアウグスティヌスの知恵を神学的、哲学的に体系化し得た唯一の人物であると述べている。[4]

似像論に関しては、マリーージョゼフ・ドゥ・ブールクイーユが「トマス・アクィナスによる神の似像としての人間」（『研究と探究：神学と哲学に関する覚え書き』第八号、一九五二年、第九号、一九五五年）において、トマスは『命題集註解』では先達への配慮からアウグスティヌスの伝統に依存しているが、『真理論』ではアウグスティヌスの似像論から解放され、アウグスティヌスの現象学的分析をアリストテレスの哲学的心理学（霊魂論）[5]へと変換している、と述べている。[6]他方、ジョン・エドワード・サリヴァンは『神の似像：アウグスティヌスの教義およびその影響』（一九六三年）において、三位一体の似像についてのトマスの論はアウグスティヌスを唯一の教父的源泉としており、アウグスティヌスは基本路線において完全に一致する永続的権威である、と明言する。[7]さらにジュヴェナル・D・メリエールは『三位一体の似像に向けて：アクィナス教義の発展に関する研究』（一九九〇年）において、サリヴァンと同様にトマスの似像論にはアウグスティヌスの三位一体の似像論の影響が非常に大きいことを認めている。つまり、トマスは『命題集註解』ではアウグスティヌスを踏襲しているロンバルドゥスへの遠慮からアウグスティヌスの似像論にそのまま従っているが、『真理論』においてアリストテレスの心理学の援助を得ながら、アウグスティヌスの似像論を主題的に分析し、それに存在論的基礎を与えているというのである。(8)

本書は、トマスのアウグスティヌス受容に関しては基本的に、アウグスティヌスの思索をアリストテレス主義同様に積極的に取り入れたとするロナガンとマリタンの解釈路線に従うものである。また、トマスの似像論がアウグスティヌスの三位一体の似像論の影響を非常に強く受けているという点ではサリヴァンおよびメリエールと同一の見解を有する。トマスはアウグスティヌスを『真理論』において放棄し、アリストテレスおよび偽ディオニシウスの影響を強く受けるようになったとするドゥ・ブールクイーユの説は、アウグスティヌスの影響を過小評価しており受け入れ難いと考える。

二　トマスは「人間が神の似像である」という教えの意味をどう解したか

トマスは「人間が神の似像である」という教えを人間の尊厳を語るものと捉えている、とする解釈者にマリタンとドゥ・ブールクイーユがいる。マリタンは『ペルソナと共通善』（一九四七年）において、トマスにとって、他の被造物と違って人間が神の似像であるとは、人間が神に似ることのうちに尊厳を有することである、と述べている。(9)つまり、人間は神の知性的本性に似ているということによって、他の被造物が有しない神的生命への参与という崇高な可能性を有しているというのである。また、ドゥ・ブールクイーユは前出の著作で、トマスにとって人間が「神の似像」であるということは、人間は被造物の中でも天使の次に神に似た者であり、そのことの中に人間本性を超えた高次の尊厳が存することを意味すると言う。(10)つまり、人間はその知性的精神性のゆえに、自らの本性をも超え出た神の本性へと高められ、さらに「神の似像」として完成されるというのである。

本書は、マリタンおよびドゥ・ブールクイーユと同様、トマスにとって「神の似像」は人間が尊厳を有することを意味する、という説に賛同する。人間は神にかたどって造られたがゆえに、無限に卓越する真理であり善である神の生命に参与するところまで高められ、ついには神と一致する可能性を有することによって、他の被造物とは全く異なった尊厳、崇高性をも有していると考える。

同様の論拠に立って、トマスにとって「神の似像」とは最終的には神との一致へと導くものと捉える研究者もいる。その中に、ジルソン、マリタン、稲垣良典が挙げられる。ジルソンは『中世哲学の精神』(一九四三年)において、人間における神の似像とは、単に人間が神に似ているというだけではなく、似像であるということについて人間が持つ意識と考えられるべきであると述べている。彼はさらに、魂がいわば自己自身を超えて、神に到達するために自己に与えられた類似性を用いる運動と考えられるべきである、とも述べている[11]。他方、マリタンは前述のとおり、トマスにとって「神の似像」とは人間が尊厳を有することを意味すると述べた直後に、「人間は生命原理として神を認識し、愛し、さらには神の生命自体に参与することができるよう、恩寵によって高められうる霊的な魂を持って神から発出する。そしてついには、神が自己自身を知り愛するように、人間も神を知り愛することが可能になる[12]」と解説している。近年では、稲垣良典が『神学的言語の研究』(二〇〇〇年)において、「トマスにおいて人間が〈神の像〉として創造されたということは、たんに所与としてではなく、むしろより主要的に人間がその生を通じて実現すべき課題——神を認識し、愛することによる、神との直接的一致——として捉えられていたことはあきらかである[13]」と述べている。ジルソン、マリタンおよび稲垣はそれぞれ「神への運動」「神の生命への参与」「神との一致への課題」という異なった言葉を用いているが、神の知性的本性に似る者として造られた人間は最終的には神を認識し愛することによって神と一致し、ひいてはその「神の似像」を完成するべき者と捉えているのであり、本書もそれに同意する。人間は他の被造物を支配する権限を与えられているのみならず、創造主である神との一致という人間本性を超え出る高次の尊厳を与えられていることになる。

しかし、人間の本性を超える神の似像の完成のためには必ず神の側からの恩寵が必要なのであり、それゆえサリヴァンは前出の著作で次のように述べている。「人間は、その知性性と能力による本性的神の似像として、まさに神をありのままに知り愛することができる神の受容可能性（capax Dei）を有する者である。しかしこの受容可能性が働くためには超自然的に高められる必要がある」[14]。人間が自らの本性を超え出て神と一致するという目的を与えられている以上、創造主はその目的が可能となる手段も準備していることが理にかなっていると言えよう。その意味で本書はサリヴァンの説を支持する。

三　トマスの似像論には発展が見られるか

二〇世紀前半まではトマスの似像論に発展が見られることに注意を払った研究者はほとんどいなかった。ドゥ・ブールクイーユが、トマスの似像論が『命題集註解』から『神学大全』に至るまでに発展したことを認めた最初の研究者であった[15]。その後、サリヴァンは、トマスはアウグスティヌスの遺産を何度も検討し直し、アリストテレスの哲学的基礎の上にそれをさらに学問的に確実なものにすることを通じて自らの教義を発展させていった、と述べている[16]。メリエールもその路線を継承しているが、彼はサリヴァンのことを、『神学大全』第一部第九十三問題第七項の似像論の結論部でトマスが「神の似像」を「言葉と愛の発出」として捉えているのはアウグスティヌスの『三位一体論』第十五巻の影響を受けたものであることを見逃している、と批判している[17]。サリヴァン自身、トマスの三位一体の神の似像の最終結論は「根源からの、言葉と愛の発出」に焦点が絞られている、と述べているが[18]、アウグスティヌスの『三位一体論』最終巻からの影響にはほとんど触れていないのは事実である。サリヴァンは、アウグスティヌスの『三位一体論』における似像の最終結論を「言葉と愛の発出」とする規定とはみなさず、むしろ、第三で最終の似像を「神の記憶、知解、意志」とする規定とみなしている[19]。そして、『三位一体論』最終巻は神秘的な神の三一性についての叙述と捉えているようである[20]。この見解からすれば、サリヴァンが『三位一体論』最終巻からのトマスの『神学大全』最終結論への影響に触れていないのは自然の成り行きと言える。

本書はサリヴァンおよびメリエールに従い、トマスの似像論の発展をさらに詳しく追跡する。しかし、メリエールと同様、サリヴァンがアウグスティヌスの『三位一体論』最終巻からのトマスの『神学大全』の似像論への影響を見落としたことは手落ちであると考える。そしてトマスが、アウグスティヌスの『三位一体論』の思索にその最終巻に至るまで従った、とするメリエールの路線に従う。だがメリエールは、トマスの似像論が著作ごとに発展しているという事実には注目しているが、トマスがなぜ新しい似像の捉え方を採用したのかを全く考察していない。それゆえ、本書はトマスの似像論の発展の根拠を明示しようとするものである。

四　『真理論』第十問題に似像論が含まれるのか

メリエール以前では、『真理論』第十問題でトマスはそもそもアウグスティヌスの『三位一体論』における似像論を――肯定的にせよ否定的にせよ――念頭においていないとする解釈が優勢であった。例えばドゥ・ブールクイーユは、『真理論』第十問題の主眼は、アリストテレスの霊魂論の枠組を用いて人間の霊魂を客観的・学問的に究明することであり、トマスによる似像への言及自体がそこでは付随的なものにすぎないと論じている。(21)またサリヴァンは、トマスの当該の議論について、そこにアウグスティヌスからの影響を認めつつも、教父の似像論に由来する要素はアリストテレス的認識論の枠組の中に包み込まれてしまっていると判断する。(22)

これに対しメリエールは、トマスは『真理論』第十問題においてアウグスティヌスの似像論を念頭に置いて論を進めていると解する。すなわち、トマスは『三位一体論』の最終巻に至るまで彼の思索に従いながら自らの似像論を発展させているというのである。(23)本書はこの点についてはメリエールの意見に賛同する。

五　トマスの似像論において「記憶」は削除されたのか

サリヴァンは、トマスにとって三位一体の似像の主要な模倣は人間の「根源からの言葉と愛の発出」にある、と述べている。また彼は、トマスが自らの三位一体の似像論には「記憶」を全く採用しなくなり、この点に関してはアウグスティヌスの影響が弱まったとしている。(24)しかし、アウグスティヌスによる三位一体の似像としての「記憶・知性認識・意志」や、「記憶」が「言葉の根源」にあるという考えまでも放棄したかどうかは明らかではない、[25]としている。つまり、サリヴァンはトマスが自らの三位一体の似像論には「記憶」の概念までも全く採用しなくなったかどうかは確信が得られないとしているのである。

他方、メリエールは、アウグスティヌスによる第二の似像規定、すなわち「記憶、知性認識、意志」から「記憶」が削除されて、トマスにとって神の似像の最終規定が「言葉と愛の発出」へと変化したことを認めている。ところが、メリエールによれば、トマスはアウグスティヌスによる三位一体としての似像規定のうち第二のものである「記憶・知性認識・意志」という規定を単に煩わしいというだけの理由で放棄しており、『三位一体論』第十五巻にしたがい、似像論の最終結論として人間の精神における「言葉と愛の形成」が神における「言と愛の発出」を範型とする、と述べている。[26]つまり、メリエールは「記憶」がなぜトマスによって削除されたかという根拠を全く追究していないのである。

本書は、トマスにとって、人間が「神の似像」としてのあり方を最も卓越した仕方で表現するのは、人間精神において「言葉と愛の発出」を実現することにおいてである、とするメリエールに従うが、言葉と愛の根源である「知性と意志」という能力においても低位の似像が表現されると捉える。すなわち、トマスは神の似像たる人間を終極的には「知性」と「意志」を備える存在者として把握するが、この場合、アウグスティヌスによる三位一体なる神の似像規定のうち、当時最も基本的とみなされていた「記憶・知性認識・意志」から「記憶」が削除されている、という点に本書は特に注目する。メリエールは一つひとつのトマスの思索の流れを辿るという緻密な研究方法を採らず、表面的な変化のみを書き並べているに過ぎないとさえ思われる。そこで、本書はトマスの思索の流れに添いつつ、彼がなぜ「記憶」を削除し、彼自身の似像論を導き出したのかというトマスの似像論の発展における最大の論点を中心に、その経緯を主題的に追跡する。

六　『神学大全』において「神の似像」論は重要な位置を占めているか

『神学大全』において「神の似像」の概念が主題的に論じられることは少ない。このことからエドモンド・ヒルは、この著作の執筆時期にトマスは似像論への関心を失っていると見なす[27]。だが本書は、『神学大全』が、知性と意志を備えた者という人間観を、人間と神との関わりを注視しながら徹底的に展開していることにおいて、「神の似像」論を事実上、そしてすぐれた仕方で追究していると捉える。実際、トマスは『神学大全』の約三分の一を占める倫理論を扱う第二部の冒頭で、「神の似像」である人間、つまり、自己の行為の主権をもつ自由な存在者である人間の考察に入らなければならない、と述べているのである[28]。

このように、トマスは先達の遺産を受け継ぎまたは捨象しつつ、彼独自の似像論を発展させてきたことが、諸研究者によって明らかにされた。数少ないトマスの似像論に関する研究の中でも、筆者が賛同できるものもあれば、賛同できないものもある。本書はトマスのテキストに忠実に従うことによって、トマスが真に意味するところを汲み取り、賛同できるものに対する同意、あるいは賛同できないものへの反論の根拠づけにしたいと考える。トマスの深い思索の流れに見え隠れする彼の才能の持つ輝きを見届けることこそ、真にトマスにとっての「神の似像としての人間」を把握することになる、と考えるのである。

次節では、トマスにおける神の似像論の基礎となったアウグスティヌスの『三位一体論』後半における似像論の梗概を述べることにする。

第二節　アウグスティヌスの『三位一体論』

アウグスティヌス（三五四―四三〇）は二十有余年におよぶ思索の末、『三位一体論』を完成させた。特に第八巻以降でアウグスティヌスは彼独自の三位一体論を展開し、中世スコラ哲学における似像論の基礎を築くと共に、トマスにも多大なる影響を及ぼした。トマスは常にアウグスティヌスの『三位一体論』を拠り所に彼の三位一体の似像論を発展させてきたのである。それゆえ、まずここでアウグスティヌスの『三位一体論』第八巻以降による似像論の概要を述べておくことにする。

聖書では、神は至高の善であるために万物を非常に善く創られたと言われている。[29]それゆえ、被造物の中にも三位一体の痕跡（vestigium Trinitatis）[30]が存在するはずだという根拠に基づいて、アウグスティヌスは被造物の中に三位一体の痕跡を探し始める。なぜなら、我々の精神がまだ至高の三位一体を直視するには弱すぎるので、アウグスティヌスは被造物の中でも低位のものから始めて精神を慣らし、徐々に高位のものに観察の眼を向けていこうとしているのである。そして彼は外的人間の中にも何らかの三位一体の痕跡を見出そうと試みる。

外なる人［肉体的人間］の三一性は本性的な類似であり、正しい秩序のうちにあるとき、かけ離れてはいるが、何らかの神の類似の痕跡を留めている。そこで、アウグスティヌスは人間の中でも一番低位の感覚（sensus）に観察の目を向ける。我々が物を見るとき、三つのこと、すなわち見る対象と、対象を知覚した後に存在する視像（visio）と、また見られている対象に眼の感覚を向けている精神の注視力（intentio）を考察しなければならない。この三つのものには明白な区別があり、それらの本性も異なるが、対象と視像は判断する理性の仲介によってもほとんど区別されない程一つに結合されている。また意志（voluntas）は初めの二つを結合する力を持ち、形成されるべき感覚を見られるものに向け、形成されたものを見られるものにおいて保持する。このように、アウグスティヌスは感覚においても何らかの三一性があることを見出す[31]。

次に、感覚の前に置かれていた可視的な物体が取り去られても、記憶（memoria）の中にその物体の類似像（similitudo）が残る。したがって、意志が再び想起する精神の眼ざしをその記憶に保持されていた形に向けるとき、眼ざしは内的に形成される。そして、そこにアウグスティヌスが心像（visio cogitantis）と呼ぶ記憶像と類似した視像が表れる。この二つは別のものであるが、きわめて類似しているため、理性の判断によらなければ二つのものが存在するようには見えない。しかも眼ざしが向けられるときのみ形成される心像は、眼ざし形成の根拠としての記憶と一つになる。このようにして、記憶像と心像とこの両者を結合する意志との間に、ある種の三一性が生じる[32]。しかし、それらは単に「神の痕跡」であり、まだ「神の似像（imago Dei）」とは呼ばれない。

それに対し、内なる人［理性的人間］の精神（mens）においてのみ「神の似像」が認められる。そして、そこにアウグスティヌスは三段階の三位一体の似像を見出すことになる。

「精神は自己を知っている（nosse）のでないなら、自己自身を愛することはできない[33]」。というのも、知らないものを愛することはできないからである。「精神が自己を愛するとき、精神とその愛（amor）という二つが存在するように、精神が自己を知るとき、精神とその知（notitia）という二つが存在する。そこで、精神そのものとその愛と知という三つがあり、しかもこの三つは一つである。この三つは完全であるとき等しい[34]」ことになる。それは精神が自己を認識するとき、同じ精神が認識し、また認識されるからである。同じことがその愛についても言える。したがって、精神そのものと、その愛と、その知という三つが完全になるとき、それらは必然的に等しいことになる。以上の考察により、アウグスティヌスは精神が自己を知り、自己を愛するときには、「精神（mens）・知（notitia）・愛（amor）」という三つの中に三一性が留まることを見出す。この三一性は時間という可変的なものの中にあるが、精神が完全に自己を知り、完全に自己を愛した時のみ、三位一体の似像と成りうる。[35] このアウグスティヌスの第一の三者による似像論は主に第九巻を中心に展開されている。

ところが、それらが完全ではないとき、知と愛は記憶（memoria）に保持される。我々の精神の秘所に（in abdito mentis）何らかの知が存在していて、それが思惟されるとき、それはある仕方で姿を現し、精神の視野の中に浮かび上がってくる。アウグスティヌスは、精神が存在し始めたときから自己を回想し、自己を知解し、自己を愛することを決して止めなかったことを見出すのである。[36] そしてこの生むものである記憶と、生まれたものである知解を結合する愛は、何らかのものを求めたり、または保持する意志に他ならない。そしてこれら三者は思惟されようが思惟されまいが、共に常に精神に存在している。「精神においては、言葉（verbum）は思惟（cogitatio）なくしてはありえないのである（私たちが語るすべてのことは、いかなる国民の言語にも属さないあの内的な言葉によるにしても、思惟の結実であるゆえ）から、この似像はむしろ記憶と知解と意志という三つのものにおいて認められる。しかし今、私が知解と言うのは、記憶の中に現在していたが、まだ思惟されなかったものを見出すことによって私たちの思惟が形成されるとき、私たちに思惟しつつ知解させるもののことである。また意志あるいは愛というのは、この子と親とを結合し、或る仕方でその両者に共通なもののことである[37]」。それゆえ、我々は「記憶（memoria）・知解（intelligentia）・意志（voluntas）」

という三つの名称によっても、精神の三一性を見出すことができる。このアウグスティヌスの第二の三者による似像論は主に第十四巻を中心に展開されている。

しかし、それらが即「神の似像」であるというのではなく、精神が神を記憶し、知解し、愛することができるがゆえに、「神の似像」なのである。精神はこの神によって、彼を受け入れ（capax Dei）、分有（participatio Dei）しうるように創られた。[38] また神は遍在するものであるところから、精神は神の中に生き、動かされ、存在する。[39] したがって精神は神を想起しうるのであり、神に向かって回心するために想起させられるのである。[40] そしてこの似像は原罪によって歪んだものとなってはいるが、形成された神によって再形成され（reformatur）、更新され（renovatur）始めることになる。[41] アウグスティヌスは、「そのときには、［神を］顔と顔とを合わせて見ることになる」[42] というこの生の終末において、「わたしたちは皆、顔の覆いを除かれて、鏡のように主の栄光を映し出しながら、栄光から栄光へと、主と同じ姿に造り変えられていきます」[43] という聖書の句を引用している。そして最終的にはこの「神の似像」において神との全き類似が生じることを彼は暗示しているのである。[44]

アウグスティヌスは以上のように第十四巻までに、人間の精神における二種類の三一性、すなわち、「精神・知・愛」および「記憶・知解・意志」を見出すに至る。しかし彼は第十五巻でさらに上昇し、この本の目的である神の三一性を問い求めて行く。

アウグスティヌスは私たちが思惟し（cogitare）、また、たとえ思惟していないときでも知のうちに持っている記憶について論議を続ける。「何らかの思惟は心の語り（locutiones cordis）である」[45] と言われるように、内的言葉を知解する人は誰でも、おぼろげに「初めに言（Verbum）があった。言は神の許にあった。言は神であった」とヨハネ福音書の冒頭に書かれている言の何らかの類似を見うるのである。「私たちが知っていることを語り出すとき、必然的に、私たちが記憶によって保持している知識そのものから私たちの言葉が生まれるのである。この言葉はそれの生誕の根拠である知識と全き意味で似ている。私たちが知っているものから形成された思惟は私たちが心において語る言葉である」[46]。「この言葉は神である神の御言にこの謎においていて（コリント一、一三・一二）いくらかは似ているのだ。というのは、この言葉は神の御言が父の知から生まれたように、私たちの知識から生まれるからである。だから、神の御言にいくらかは似ている」[47]のである。

父から生まれ出た言は初めから神の形相のうちに（in forma Dei）存在していたのであり、また単純な形相（forma simplex）である。そしてその根拠である父に単純に等しく、父と不思議な仕方で等しく永遠である[48]。それゆえ、神の子は「言」と言われるのであり、神の「思惟」とは言われない。人間のように形相を受け取ったり、失ったりするような変化が神の中にはありえないからである[49]。

すなわち、アウグスティヌスは似像である我々の内的言葉の形成から、範型である神からの言の類似に近づこうとする。知恵なる父から、言である子が生まれた。人間において知識と言葉が完全に類似する場合と同様に、この似像によって子なる神は父なる神と実体の同一性によってすべてをとおして似ていると言われる。しかし、神の純粋形相は永遠で不可変的な実体であるため、我々の本性とは言葉では十分表現できない位不類似である。「私たちの言葉の神と神の御言に対する不類似がどんなに大きいか――しかも私たちが見たようにある種の類似がそこにあるのだ[50]」。アウグスティヌスは我々の「内的言葉の発出」と神の「言の発出」の内にある種の類似を認めているのである。

次にアウグスティヌスは聖霊の考察に移る。聖霊は父と子が互いに愛し合うその共通の愛であることは聖書からも明らかである。「この三位一体において御子だけが神の御言であり、聖霊だけが神の賜物であり、また父なる神だけが御言がそこから生れ、聖霊が原理的に（principaliter）そこから発出するお方であると言われる・・・［また］父は子からもご自身と共通の賜物が発出し、そして聖霊が父と子の霊であるように子を生みたまうたのである。・・・単純にして共に最高のあの本性［神］においては実体と愛とは別なものではなく、実体そのものが愛であり、愛そのものが実体である。父においてであれ、子においてであれ、聖霊においてであれ、然りである。しかも聖霊が固有の意味で愛と名づけられるのである」[51]。そして、この「意志」という名称は愛のように聖霊にこそふさわしい。なぜなら、愛は意志と異ならないからである[52]。そして、アウグスティヌスは父と子からの聖霊の発出と、人間における記憶と知解からの愛の発出との内にもある種の類似を見出すことになる。

「私たちが知っているものを語るとき、そこから思惟の志向によって形成される人間の知解力は、いかなる国語にも属さない心の言葉（verbum cordis）であり、勿論、遥かに隔たってはいるが、御子とのある種の類似を持つのである。知識から発出し、そして記憶と知解を結合し、いわば親と子に共通な、しかし親でも子でもない人間の愛も、はなはだしく等しからずとはいえ、この似像において聖霊のある種の類似を持っている」[53]。人間の記憶は父と、言葉は子と、そして愛は聖霊と遙に隔たってはいるが、そこにはある種の類似がある。ところが人間のこの三つの能力は一人の人間そのものであるというのではなく、一つのペルソナである人間の所有するものである。しかし、神の単純な本性においては、三位一体は一つの本質である神自身であると共に、不可分離的な三つのペルソナ、つまり父と子と聖霊なのである。「三位一体のこの似像が一つのペルソナであるのに、至高の三位一体御自身が三つのペルソナであるということは、たしかに不可思議にしていい難く、あるいはいい難くして不可思議なことである」[54]とアウグスティヌスは結んでいる。似像である我々と範型である神の間には、ある種の類似が見出されるとはいえ、無限の不類似が横たわっていることは否めない。

アウグスティヌスは被造物の中でも低位なものから始め、ついに人間の精神の中に三一性を見出す。トマスの言葉を借りて言えば、アウグスティヌスは「精神・知・愛」という所有態的なもの（habitus）から、「記憶・知解・意志」という可能態的なもの（potentia）を経て、「記憶からの言葉と愛の発出」という現実態的なもの（actus）へと三位一体の似像を発展させていることになる。特にこの第十五巻においてアウグスティヌスは、「記憶」を父として残してはいるが、神の三位一体を「言の発出」と「愛の発出」として動的に捉えるようになる。そして、アウグスティヌスは人間の精神における現実態としての「言葉と愛の発出」こそが三位一体の神を最も表現するものとした。これが彼の「三位一体の似像」の最終結論であると考えられる。

次の第一章では、このアウグスティヌスの「神の似像」をペトルス・ロンバルドゥスおよびトマスがどのように受け継いでいったのかを見ることにする。

（1）cf. Etienne Gilson, "Pourquoi Saint Thomas a Critiqué Saint Augustin," *Archives d'histoire doctrinale et littéraire du moyen âge*, 1, 1926-1927, p.126.

（2）cf. G. V. Hertling, "Augustinuszitate bei Thomas von Aquin", 1904, (Sitzungsberichte der Münchener Akademie, abgedruckt in: *Historische Beiträge zur Philosophie*, heraus G. von J. A. Endres, 1914.); Schneider, Wilhelm, "Die Quaestiones Disputatae 'De Veritate' des Thomas von Aquin in ihrer philosophiegeschichtlichen Beziehung zu Augustinus", *Beiträge zur Geschichte der Philosophie und Theologie des Mittelalters* 27, 3, Münster: Aschendorff, 1930, p.93 からの引用による。

（3）cf. Bernard Lonergan, *Verbum: Word and Idea in Aquinas*, University of Notre Dame Press, Notre Dame, 1967, p.VII.

（4）cf. Jacques Maritain, "St. Augustine and St. Thomas Aquinas", *A Monument to Saint Augustine*, 1930, pp.199-223.

（5）哲学的心理学（Philosophical Psychology）は欧米ではすでに定着している。日本ではまだ馴染みがないが、霊魂論のことである。

（6）cf. M.-J. de Beaurecueil, "L'homme Image de Dieu selon Saint Thomas d'Aquin", *Études et recherches: Cahiers de théologie et de philosophie*, 9 (1955) : [2], p.93.

（7）cf. John Edward Sullivan, *The Image of God: The Doctrine of Augustine and its Influence*, Dubuque, Iowa, Priory Press, 1963, p.268.

（8）cf. D. Juvenal, Merriell, *To the Image of the Trinity: A Study in the Development of Aquinas' Teaching*, Pontifical Institute of Mediaeval Studies, Toronto, 1990, p.150.

（9）J. Maritain, *The Person and the Common Good*, trans. John J. Fitzgerald, New York, Scribner's, 1947, p.32.

（10）cf. M.-J. de Beaurecueil, op. cit., [2], pp.92-96.

（11）cf. É. Gilson, *L'Esprit de la Philosophie Médiévale, par Étienne Gilson, Gifford Lectures*, Université d'Aberdeen, Deuxième édition revue, Paris, Librairie Philosophique J. Vrin, 1943.

（12）J. Maritain, *The Person and the Common Good*, p.32.

（13）稲垣良典、『神学的言語の研究』、創文社、二〇〇〇年、九六頁。

（14）cf. J. E. Sullivan, op. cit., p.234.

（15）cf. M.-J. de Beaurecueil, "L, homme Image de Dieu selon St. Thomas d, Aquin", *Études et recherches: Cahiers de théologie et de philosophie*, 8 (1952), [1], p.45, n.1.

（16）cf. J. E. Sullivan, op. cit., p.217.

（17）cf. D. J. Merriell, op. cit., p.7.

（18）cf. J. E. Sullivan, op. cit., p.261.

（19）cf. J. E. Sullivan, op. cit., p.136. アウグスティヌスは『三位一体論』において人間における神の似像は第一に「精神・知・愛」に、第二に「記憶・知解・意志」に、第三に「言葉と愛の発出」に存すると述べている。それに対してサリヴァンはアウグスティヌスの第一の似像を「精神・自己の知・自己の愛」、第二の似像を「自己の記憶・自己の知解・自己の意志」と捉えている。

(20) cf. J. E. Sullivan, op. cit., p.268.

(21) cf. M. -J. de Beaurecueil, op. cit., [1], pp.65,72.

(22) cf. J. E. Sullivan, op. cit., p.251.

(23) cf. D. J. Merriell, op. cit., p.101.

(24) cf. J. E. Sullivan, op. cit., p.262.

(25) cf. J. E. Sullivan, op. cit., p.261. トマス自身は明言を避けているが、アウグスティヌスの「自己の記憶」や「神の記憶」から、人間の精神における超自然的三位一体の神の内在が似像の完成には必要であることが示唆されている、とサリヴァンは考えているようである。

(26) cf. D. J. Merriell, op. cit., p.147.

(27) cf. Edmund Hill, O.P., "St. Augustine's *De Trinitate*", *Revue des études augustiniennes*, vol.19, pp.277-286.

(28) cf. *S. T.*, II-I, Prologus.

(29) 「シラ書」三九・三三参照。

(30) アウグスティヌスによれば、すべての被造物は創造主のつけたしるしである「痕跡」を示す。トマスは「痕跡」とは何らかのものの類似を意味し、類似するものの何らかの認識を示すが、不完全であると、述べている。

(31) cf. Augustinus, *De Trinitate*, XI, 2, 2.

(32) cf. op. cit., XI, 3, 6.

(33) op. cit., IX, 3, 3.

(34) op. cit., IX, 4, 4.

(35) cf. ibid..

(36) cf. op. cit., XIV, 10, 13. アウグスティヌスは自己の記憶の中に自己の知と愛が所有態として保持されていて、現実態として思惟される度に精神に現前すると考えていたようである。

(37) op. cit., XIV, 7, 10.

(38) cf. op. cit., XIV, 12, 15.

(39) 「使徒言行録」一七・二八参照。

(40) cf. Augustinus, op. cit., XIV, 15, 21.

(41) cf. op. cit., XIV, 16, 22.

(42) 「コリントの信徒への手紙　一」、一三・一二。

(43) 「コリントの信徒への手紙　二」、三・一八。

(44) cf. Augustinus, op. cit., XIV, 18, 24.

(45) op. cit., XV, 10, 18.

(46) op. cit., XV, 10, 19.

(47) op. cit., XV, 14, 24.

(48) cf. op. cit., XV, 15, 25.

(49) cf. op. cit., XV, 16, 25.

(50) op. cit., XV, 16, 26.

(51) op. cit., XV, 17, 29. 括弧内は筆者が挿入。

(52) cf. op. cit., XV, 20, 38.

(53) op. cit., XV, 23, 43.

(54) ibid..

第一章　トマスの『命題集註解』における「似像」の定義(1)

トマス・アクィナス（一二二五―一二七四）は一二五二年から一二五六年の間パリ大学で命題集講師(baccalaureus sententiarius)としてペトルス・ロンバルドゥスの『命題集』註解の講義をしていた。そして彼の最初の大作である『命題集註解』において、トマスは先達の教えに従いつつも、かなり大胆に自分の意見を述べている。この第一章では「神の似像（imago Dei）」がトマスの『命題集註解』においてどのように定義づけられていったのかを追究することにする。

トマスは「神の似像」についてアウグスティヌスから多くを学んだが、アウグスティヌス自身は「似像」の定義については明言していない。またペトルス・ロンバルドゥスは『命題集』においてアウグスティヌス他に依拠しつつ「似像」について述べてはいるが、それはトマスにとって満足のいくものではなかった。そこでトマスはヒラリウスの定義から導き出した概念に補足を加え、独自の定義を提示しているが、それはこのように似像の定義が未だ明文化されていなかったという事情を背景にしたものと考えられる。

そこで、本章第一節ではまずトマスのテクストとなったロンバルドゥスの『命題集』における「似像」の捉え方を概観する。第二節では、トマスが『命題集註解』において「似像」について語っている三つの「区分(2)」を検討し、如何に「似像」の定義が形成されていったのかを論じる。そして最後の第三節では、トマスが採用したヒラリウスの「形象（species）」という言葉を詳しく検討することによって、トマスの似像の定義の独自性を明確にする。『命題集註解』を通じてトマスの似像理解に変化はないとする研究者もいる。[3] しかし、本書は以上の仕方でトマスの「似像」の捉え方の変化を追跡することによって、如何なる思索をとおして彼の『命題集註解』における「似像」の定義が確立したのかを見届けようとするものである。

第一節　ペトルス・ロンバルドゥスによる「似像」の定義

ペトルス・ロンバルドゥス（一一〇〇―一一六〇）の『命題集』は中世初期において教科書として広く使われていたため、トマスのみならず中世全般にわたっても非常に強い影響力を持った著作であった。彼はその『命題集』の三つの区分において「神の似像」に言及している。すなわち、三位一体が論じられる第一巻第三区分、同巻第二十八区分、そして人間の創造について論じられる第二巻第十六区分の三箇所である。

ロンバルドゥスは『命題集』第一巻第三区分では主にアウグスティヌスの『三位一体論』第十四巻に忠実に、人間の精神の中に三位一体の「似像」を求めるという文脈において、人間の「記憶（memoria）・知性認識（intelligentia）・意志（voluntas）」が三位一体の神の各ペルソナに対応する「似像」である、と述べている。しかし、ここでは「似像」の定義を明確に行ってはいない。

ところが、三位一体の神のペルソナについて語られる同巻第二十八区分では、各々のペルソナに関して述べた後、以下のような定義らしきものが現れる。すなわち、ロンバルドゥスは「似像は時には本質の理解をもたらすことが明らかにされる」[4] と言明しているのである。理由として二つの典拠が挙げられている。その一つはアウグスティヌス（実際にはフルゲンティウス）が『ペトルスに宛てた信仰に関する書』で、「聖三位一体の神性と人間がそれにかたどって造られた似像は本質的に一つである」[5]と述べているものである。もう一つはヒラリウスが『三位一体論』で「人間は共通の似像にかたどられて生じた。・・・それにかたどられて人間が造られた一つのものは形象だからである」[6]と語っているものである。

つまり、第一巻第三区分では三つのペルソナに即して人間の精神に「神の似像」が存在するという文脈において、人間が「模像（exemplatum）」として「似像」が語られていた。しかし、同巻第二十八区分では「三位一体の神性」という「神の本質」と人間の「範型としての似像」が一つであるとされている。すなわち、ロンバルドゥスは「神の似像」という言葉を「模像」を表わす場合と「神の本質」および「範型」を表わす場合の両方に用いているわけである。

第一巻の二つの区分ではロンバルドゥスは「似像」の定義について明確に述べてはいなかったが、第二巻第十六区分で初めて「似像」の定義に触れている。ロンバルドゥスは『創世記』第一章第二十六節における「我々の似像と類似（similitudo）へと人を造ろう」という言葉は三つのペルソナの、一つのまた同等の実体を示している、とベーダを引用して解説している。[7]さらに彼は、「似像と類似が何を指すのか」という多様な意見の中からベーダの意見を取り上げ、ベーダは「神である造られざる似像」を理解していたようである、と述べている。この場合のベーダの似像の捉え方は「人間の範型」としてよりも、「神の本質」を意味していると考えられる。

そして、その直後にロンバルドゥスは初めて似像の定義に触れ、「似像」が本来的に言われる場合と非本来的に言われる場合を区別している。彼によれば、「似像」とは本来的には、「何らかのものから受け取られるもの」すなわち「模像（exemplum）」のことであり、「何らかのものがそこから受け取られるもの」は「範型（exemplar）」と言われる。したがって、「他のものがそれへとなるもの（範型）」が「似像」と言われるのは非本来的であるとロンバルドゥスは述べている。[8] つまり、類似する二つのものの原型となるべき方を「似像」と呼ぶのは非本来的で、本来的には「範型」と呼ぶべきであり、こうして「模像」の方が本来的に「似像」と呼ばれることになる。

ロンバルドゥスがこのように考えた背景の一つには、次のことがあると見られる。すなわち、上述の『創世記』で言われている「似像」は事実上ベーダの言うように「神の本質」を指しているとも、人間にとっての「範型」を指しているとも捉えられるのである。また「似像」とは写し出された像のことであるから、「範型」を「似像」と呼ぶのは不適切であるように思われた。そこでロンバルドゥスはそれまであいまいであった「似像」に本来的・非本来的という区別をもちだしたのであろう。この区別によって「似像」が本来的には「模像」を指していることが規定されたことは、その定義を語るうえで重要なことである。

そして、ロンバルドゥスは「似像と類似が何によって考察されるか」という多種多様な意見を述べた後、人間が、非理性的なものが持たない、特に優れている精神に即して、神の似像と類似にかたどって造られたと論じている。その上で、彼はまとめとして次のような定義を述べている。

似像は形相（forma）と、類似は本性（natura）と関わる。それゆえ人間は霊魂に即して父あるいは子あるいは聖霊のではなく、三位一体全体の神の似像と類似にかたどって造られた。[9]

右の定義を見るかぎり、ロンバルドゥスの「似像」の捉え方は「三位一体全体の神」という言い方をしていることからも、ペルソナの区別に注目したものではなく、むしろ神全体という「神の本質」を基準とし、それが「人間の範型」になっていると理解していることが読み取れる。

以上により、この第二巻第十六区分において、ロンバルドゥスは「似像」を本来的に言われる場合と非本来的に言われる場合に区別し、さらに人間が神の知性的本性を表わす霊魂に即して「神の似像」であるという「似像」の基本を確立したと言える。

ところで、ロンバルドゥスは第一巻第三区分ではアウグスティヌスに従い、似像は神のペルソナを写し出す人間の三つの能力において語られると言っていたのに対して、第一巻第二十八区分のフルゲンティウスおよびヒラリウス、そして第二巻第十六区分のベーダに従って似像は本質的にも語られると述べている。つまり、本来的な似像を規定しておきながら、同じ「神の似像」という言葉を、文脈の違いによって「模像」と「範型」という、相対する意味に捉えているのである。この一貫性の欠如を見るかぎり、ロンバルドゥスは実質的には人の意見をそのまま報告しているにすぎず、彼自身が独自に思索を重ね、統一的見解を述べているわけではないと考えられる。

こうした一貫性のないロンバルドゥスの定義に対して、トマスが初めて「似像」の定義を試みた『命題集註解』第一巻第三区分第三問題を次に検討することにする。

第二節　トマスによる「似像」の定義の形成

一　『命題集註解』第一巻第三区分第三問題における「似像」の定義

トマスはペトルス・ロンバルドゥスの『命題集』に従い、同じ三つの区分で「似像」について述べている。トマスは、先ず『命題集註解』第一巻第三区分第三問題から第五問題にかけてアウグスティヌスの『三位一体論』による第二の「神の似像」すなわち「記憶・知性認識・意志」を中心とした似像論を展開しているが、その議論の冒頭で「似像」について語っている。ロンバルドゥスのこの区分において「似像」の定義はまったく触れられていないため、トマスは理性的被造物の高位の部分、すなわち人間の精神に「神の似像」を限定すべく、独自に「似像」の定義をする必要があったのである。

トマスは第三問題第一項において、直前の第二問題第一項で取り上げた「痕跡（vestigium）」[10]と対比させて似像の定義を行っている。そして「痕跡は何らかのものの混沌とした（confusa）類似であり、不完全なもの」だから、似像とは異なると述べている。

他方、似像はその表わすところのもの（範型）をそのすべての部分と部分の配置に関して、「痕跡」よりも限定的に（determinate）表現する。そしてそれらの部分や部分の配置に基づいて、そのものの内的なものの幾分か（aliquid de interioribus rei）もまた認知されうる。[11]

これがトマスによる初めての「似像」の定義らしきものと考えられる。まずこの定義で目に付くのが「部分と部分の配置」という言葉である。この言葉からトマスが第一に「似像」の形態に注目していることがうかがえる。対比されるいくつかのものにおいて、各々の部分とその部分の位置関係が類似している必要がある。トマスはこれらの「部分と配置」という表現をもって、神の三つのペルソナと人間における能力として捉えられた「記憶・知性認識・意志」を対応させていたものと推察される。すなわち、前述のとおり、トマスはアウグスティヌスに基づいて、三位一体の神における三つのペルソナが三一的構造を形成していることと、人間の精神における前述の三つの能力が三一的構造を形成していることとのうちに類似を見出したのである。

さらに、それらの形態の類似に基づいて「そのものの内的なものの幾分か」も認められる。「痕跡」については「そのものの何らかの認識」(12)という言い方が用いられていたのに対して、「似像」の場合には「そのものの内的なものの幾分か」という言い方に変わっており、トマスの似像の定義もより限定された表現に変化していると思われる。「内的なものの幾分か」は、次節で言及する「本性と形象」という言葉を念頭におけば、「内的本性」という意味と推測されるが、いまだ不明瞭な表現である。

しかし、その不正確な表現を補うものとして「似像」が被造物自身の「高貴さ（nobilitas）」によってより完全に模倣されたり、表現されたりすることがつけ加えられている。つまり、「似像」は範型である神の「高貴さ」を写し出すものとして、天使と人間の精神において存在すると結論づけられている。別言すれば、神の三位一体の最も高貴な知性的活動の類似が見出されるのはその「高貴さ」を分有するもの、つまり知性的本性を有する高位の能力においてのみであることがこの定義によって示されたことになる。

したがって、この「似像」の定義は外部の形態と内部のものという両面に注目して、「痕跡」との差異を明確にしているとはいえ、「より限定的に」、「内的なものの幾分か」また「高貴さ」といった不明瞭な表現を伴う定義に留まっていると言えよう。

トマスはペルソナの問題を検討している『命題集註解』第一巻第二十八区分においても似像について論じているので、次にそれを検証することにする。

二 『命題集註解』第一巻第二十八区分第二問題第一項における「似像」の定義

第二十八区分の第二問題第一項における「似像」の定義は用語の使い方から見ても、第三区分のものよりもはるかに厳密なものになっている。トマスはここで初めてヒラリウスの『公会議について（De Synodis）』より引用し、「似像とは、それにかたどられて写し出されるかのものの無差異の形象である」[13]というヒラリウスの定義が適切であるかどうかを分析している。そしてこの項で、それを基にトマス自身の似像の定義も導き出しているのである。

トマスはここでは「似像」を「模倣（imitatio）」との関わりのうちに捉えている。「似像（imago）」は語源的に「模倣（imitago）」より派生することから、「似像の概念は模倣のうちに存立する」と述べている。そして、「他のものの類似へと造られる、より後なるもの」のことを「似像」と呼び、「もう一方のものがその類似に向けてなる、より先なるもの」のことを「範型」と呼んでいる。[14]前者は本来的にも「似像」と呼ばれるが、後者は非本来的にのみ「似像」と呼ばれる。これはペトルス・ロンバルドゥスが「範型」を「似像」

と呼ぶのは非本来的であると述べていたのを受けてのものと解される。
この二つの区別を明確にした後、トマスは次のように似像の定義を行っている。

模倣が、それの模倣であるところのもの（範型）は、ある種の性質または性質を表わす何らかの形相である。したがって、類似性は似像の概念に属する。しかしそれだけでは十分ではない。さらにその性質のうちには、性質に関して（secundum qualitatem）あるいは比例に関して（secundum proportionem）のある適合性（adaequatio）がなければならない。・・・それゆえに、適合性が似像の定義のうちに含まれる。またさらに、その性質はそのものの本性（natura）と形象（species）の明らかなそして最も近似したしるし（signum）でなければならない。[15]

模倣の根拠となっているものが「ある種の性質または性質を表わす何らかの形相」であると言われている。第三区分の定義が「内的なものの幾分か」というあいまいなものであったのに比べ、トマスはここでは初めから「形相」という形而上学的な言葉をもちだしてきている。「形相」とはおおまかに言えば、そのものに形を与えるものであるから、そのものが「何であるか」を示すものと言えよう。

さらにトマスによれば、範型と似像の間には類似性が存在するが、それだけでは十分ではない。その両方の性質のうちには類似する性質および比例の類似が存在しなければならないのである。[16] 類似する性質の基準としてそのものの「本性と形象」が挙げられている。後に詳しく検討することになるが、「本性」はおよそそのものの「活動の根源」を、「形象」はそのものの「何であるか」を示すものである。したがって、「本性と形象の明らかなしるし」と言われる場合、「活動の根源」と「何であるか」が共に同じなのであるから、性質が類似するのは明白である。その上、それらのしるしである形態が類似しているということである。例えば、人間の父と子が似ている場合のことである。しかし、前記引用文中で「最も近似するしるし」と言われているのは、人間とその石像のように本性的には質料[17]がまったく違っていても本性を表現する形態が似ていれば「似像」といわれる場合のことである[18]。

また前述の比例における類似とは、範型における各部分相互の間の比例と、似像における各部分相互の間の比例の同等性のこととなる。ここでいう同等性とは、つまり、一つの三角形において各々の辺の比例が三：四：五ならば、類似するもう一方の三角形の各々の辺の比例も三：四：五でなければならないことからも明らかである。

しかし、同じく前掲引用によれば、類似する性質と比例の類似に関してさらに適合性も要求される。適合性（adaequatio）という言葉には、同等にすること（aequatio）へと向かう（ad）という意味があり[19]、その性質と比例の差異が少なければ少ないほど類似性が強いということになる。

他方、模倣する「模像」の側からは範型との類似性と適合性に加え、似像と範型における秩序の関係のことが考察される。模倣におけるより後のものが「似像」と言われ、より先なるものが「範型」と呼ばれるのは前述のとおりである。

このように、「範型」と「似像」における「本性および形象の明らかなまた近似するしるし」にしたがって、部分相互の質的・比例的適合性に基づいた類似と秩序関係が似像の定義に要請されることになった。そして第二十八区分における定義によって、似像はその範型が持つ限定的な「形象」または「本性」という不可変的なものに根拠を置くことが明らかになり、トマスは似像の範型との関係に確固たる存在論的基礎を与えたのである。

トマスが註解を行っている『命題集』の前述の二区分ではロンバルドゥスは似像の定義を行っていないが、第二巻第十六区分で初めて似像の定義を行っている。トマスがそれにどのような註解をしているのかを次に見ることにする。

三　『命題集註解』第二巻第十六区分における「似像」の定義

『命題集註解』第一巻では「似像」が三位一体論という文脈で語られているのに対し、人間の創造について論じられる第二巻では、トマスは第十六区分第一問題第一項の解答で次のように述べている。

> 似像は本来的には他のものの模倣に関わるものであると言われる。・・・しかし、似像の根拠に対しては、形象と本質（essentia）を写し出す何らかのものにおいて模倣が要求される。それはヒラリウスによって無差異の形象（species indifferens）と言われているもののためである。[20]

ここで、トマスは「似像」が本来的に「他のものの模倣に関わるもの」という似像の最も基本的な概念をもって始めている。すなわち、「似像」は本来的には「模像」の方を指すことが再確認されているのである。後に詳しく述べることになるが、ヒラリウスの定義は非常に的を射たものであるが、範型という非本来的な似像にも当てはめられうるので、トマスはこの言葉を加える必要を感じたものと考えられる。

しかしどのような模倣でもよいというのではなく、「似像」であるための条件として「形象と本質」に基づいた模倣が要求される。類似の基準が第一巻第二十八区分では「そのものの本性と形象の明らかなそして最も近似したしるし」という複雑な言い回しで示されていたのに対し、ここでは、「形象と本質」という簡潔な用語にまとめられている。その間トマスが用語の丁寧な検討を試みたものと考えられるが、それもここでは「本性」が「本質」に入れ換わっている。[21]

ところが、トマスは同問題の中でも、第二項では次のように述べている。

形象に関わる何らかのものに存在するその模倣は似像の根拠を成立させる。[22]

ここでは、第一項で「形象と本質」と言われていたものが、「形象」のみになっていることに注目したい。第一項でも「本質」の説明は何もなかったが、この一箇所を除いて第十六区分全体を通しても「似像」に関して「本質」という言葉は一度も使われていない。それゆえ、第一項ではロンバルドゥスの三位一体の似像が念頭にあったため「本質」を残したが、第二項以降では「本質」は似像一般には適用しなくなったため削除したと考えられる。したがって、トマスの中では第十六区分を書く時点で、すでに「本質」は三位一体のペルソナ間を除いて一般的な「似像」の概念に関して使うことは適切ではないという考えがほぼ固まっていたと推察される。それゆえ、『命題集註解』の三つの区分を通して「似像」の基準として最後まで残ったのは「形象」ということになる。

このように、トマスの似像の定義は基本的には同じ流れの中にあるとはいえ、『命題集註解』の三つの区分を通して徐々により明確なものに改善されてきたものと考えられる。以上のことをまとめてみると、第一に、第一巻第二十八区分において、トマスは本来的な「似像」と非本来的な「似像」の重要な区別を行っている。つまり［模倣においてかたどられる、より後なるもの］のことを本来的な「似像」と呼び、［模倣の原型となる、より先なるもの］のことを「範型」と呼び、それは非本来的にのみ「似像」と呼ばれることが明確にされたわけである。そしてそれが第二巻第十六区分において「他のものの模倣に関わる」という表現で、「後なるもの」が本来的な「似像」として再確認されている。

第二に、トマスは第一巻第三区分では似像の外的と内的の両面に注目していた。しかし「似像」の外的な側面に関して、第三区分においては似像の原型となるものが「表現」されると言われていたが、第一巻第二十八区分においては「模倣」という言葉に集約されるようになる。そしてその「模倣」には類似性と適合性が含まれるが、特に外的側面からはそのうちの比例に関する適合性が考慮されるべきである。第一巻第三区分では、「すべての部分と部分の配置」という表現であったものが、トマスは第二十八区分では範型と似像の各部分間に比例の法則があることを見出したのである。

第三に、「似像」の内的な側面に関しては、第一巻第三区分において、「内的なものの幾分か」というあいまいな言葉で表現されていたものが、第一巻第二十八区分では範型の「本性と形象」という形而上学的にもより正確な言葉に限定されてきた。それゆえ、「似像」の定義は存在論的にもより安定性を得たことになる。それが第二巻第十六区分第一項では「形象と本質」とさらに「本性」が「本質」に置換され、それも第二項では「形象」のみに統一されている。つまり、類似の基準となるものが最終的にはヒラリウスに従って「形象」のみになり、「似像」の定義もさらに正確さを増したことになる。

では、これらの言葉のうちにトマスはどのような意味を込め、区分ごとに変化発展させて来たのであろうか。以下この問題を考えるために、一つひとつの言葉の意味を詳しく検討することにする。そうすることによって、トマスの思索の流れが追跡できると考えるからである。

ただしこの考察を進めるにあたって、次のことを強調しておきたい。すなわち、メリエールは、これまで筆者が論じてきたものとは違い、『命題集註解』を通してトマスの似像理解には基本的な変化はないと言っている点である。つまり、第二部第十六区分の似像の定義は第一部第二十八区分で確立されたものの簡略化されたものであり、言い換えれば、第十六区分は似像の定義形成にとってあまり重要ではないかのように取り扱っている。[23] しかし、このメリエールの意見には疑問の余地があると思われる。というのも、トマスは「形象」、「本質」といった重要な言葉の意味をここで再確認することを余儀なくされたと考えられるからである。それらを検証するためにも、次にこれらの言葉の意味を再確認することにする。

第三節 「形象」の意味するもの

トマスは『命題集註解』第二部第十六区分の第一問題第二項より前では、前述の三つの区分で「形相」、「形象」、「本性」、「本質」といった何種類かの形而上学用語を用いていたが、その同じ著作の第二部第十六区分の第一問第二項では「形象」のみを残すに至っている。ではどうして「形象」こそが「似像」の定義に最も適切であると考えるに至ったのかという問題を、先に述べたように、本節で考察することにする。

トマスは第二部第十六区分第二項の定義に引き続いて、「他方、第一で共通なものによっては何も形象を獲得しない。むしろ最後のまた固有なものによって形象を獲得する。それは最後のまた固有なものによって差異（differentia）が成立するのと同様である」[24]と述べている。例えば、「人間は生命ある、感覚を有する、理性的存在である」と言われる場合、「生命ある」も「感覚を有する」も他の存在にも当てはまるが、「理性的」という「最後のまた固有なもの」によって他の存在するものとの差異が生じるということである。この「形象」についての説明は定義における類種関係の種差[25]を思い起こさせるものであるが、「神の似像」という文脈でこれを捉え直すとき、範型である神はこうした類種関係を超越するものである。したがって、ここで「最後のまた固有なものによって」得られるという「形象」は、類と区別される種とは正確には同義語ではなく、存在論的な意味で本質の同義語といわれ[26]、定義によって示されるそのものの何であるか、すなわち「何性（quidditas）」を表わすものと考えられる。その証拠に、トマス自身第一巻第二十八区分第二問題第一項の第一異論において、形象とは外的なものではなく、内的な何性を意味する、と言われていることを[27]承認しているのである。

他方、メリエールは、第十六区分第一問題では第一項の定義のみを採り上げ、第二項で「本質」が削除されていることにはまったく注目せず、次のように述べている。すなわち、ヒラリウスはあまり哲学的素養がなく、可知的形象に近い意味で「形象」を使っている。したがって、トマスはヒラリウスの意味したこととは関係なく、アリストテレスの類種関係における形象を採用している[28]、というのである。それゆえメリエールは、超越的な神には類種関係が妥当しないことから、ヒラリウスの定義における「形象」は「何性」としては捉え難いと言う。ただし、非本来的な似像として、つまり、二つのものの類似の「基盤（ground）」と

して受け入れる場合は別であると語っている。(29)

確かにメリエールの言うように、範型と似像の両方に共通の形象は類似の「基盤」と言えないこともない。しかし、「基盤として受け入れる場合」のみ、「何性」として捉えられるという条件は納得しがたいものである。なぜなら、トマスは類種関係の意味で「形象」を使っているのではないからである。神にも「何性」を意味する「形象」は存在するのであり、被造物にも同じ意味での「形象」は存在する。それゆえ、共通の「基盤」としてでなければという条件は不要になる。実際、トマス自身も「基盤」を含意する言葉をまったく使っていないのである。

それらを確認するために、次にヒラリウスの似像の定義を詳しく検討してみることにする。

似像とはそれにかたどって写し出されるかのものの無差異の形象である。(30)
(imago est ejus rei ad quam imaginatur, species indifferens.)

「それにかたどって写し出されるかのもの」とは模倣の原型となるものを指しているところから、範型のことであるのが分かる。(31) 問題は「無差異の形象（species indifferens）」である。形象がまず範型のそれを指すことは範型が属格（ejus rei）であることから推察される。そして、範型と異ならない形象ということは、範型と形象が同じということであり、範型が「何であるか」を指し示すものとして「形象」という言葉が用いられていることになる。ヒラリウスは三位一体の子が父の似像であるという文脈でこの定義を述べているのであるから、この場合は類種関係を超越していることは明らかである。それゆえ、「形象」は「種」ではなく、そのものが「何であるか」を示す「何性」を意味していることになる。したがって、分かりやすく言い換えてみると、三位一体の神の場合、「似像とは範型と異ならない形象である」ということになる。すなわち、子は父とまったく同じ本質を有するため、子の形象まで表示する必要がなかったのである。というのも、子の形象は父の形象のうちに暗示されているからである。

あるいは、「範型と異ならない形象」を、子が父の形象と異ならない形象を有する、という意味で捉えれば、似像の側の形象を表示していることにもなる。この場合、「異ならない形象」は中間項として、「範型と異ならない形象」という意味と、「範型の形象と異ならない似像の形象」の両方を含意するものと捉えられる。

このようにヒラリウスの定義を理解した上で、トマスはこれを似像一般にも適用させようとした。すなわち、「範型と異ならない形象」とは「範型の形象」と言い換えられることから、似像の側はその「範型の形象」と異ならない形象を持っているということになる。それゆえ、似像一般に対して分かりやすく言い換えると、「似像とは範型の形象であり、その範型の形象と異ならない形象である」ということになる。ただし、ヒラリウスの場合、まったく「異ならない」形象が父と子に存在したが、似像一般の場合は、「異ならない」という部分は「あるいは類似した」ということになるであろう。これについては後に詳しく述べることにする。

以上のようにこの定義を理解した根拠としては次のようなことが挙げられる。第一に、トマス自身『命題集註解』第一巻第二十八区分第二問題第二項において、ヒラリウスが神的ペルソナの他のペルソナに対する似像を想定して、似像の概念と本質の一性とペルソナの区別からこの定義の証明をしている、と述べていることである。[32] それゆえヒラリウスは範型と似像である神的ペルソナ間に全く異ならない形象である本質を想定していたことになる。したがって、範型に形象は存在し、似像にも形象は存在し、それらが神の「何性」を表わす異ならない神的本質ということになる。

第二に、トマスは同項の主文で、ヒラリウスは範型を模倣するものの秩序と関係を表示するために「似像とはそれにかたどって写し出されるかのもの（範型）の」と言ったのであり、また「そこに模倣が存在するもの（似像）」を規定するために「無差異の形象」と言ったのである、と述べている。[33] それゆえ、ヒラリウスの定義において「無差異の形象」は「範型と異ならない形象」という意味で、範型の「何であるか」つまり「何性」を表示していることになる。

第三に、トマスは同問題第一項第三異論解答において、「各々が似像の根拠に関わるのに応じて、無差異の根拠（ratio indifferentiae）に関わる。というのも、異なるものにしたがって似像が存在するのではないからである。しかしながら、何らかの似像の完成の段階（gradus perfectionis imaginis）が見出される」[34]と述べているからである。一つには、三位一体の父と子のように、形象がまったく同じ場合、最も完全な似像の根拠が存在する。二つ目には、人間の父と子のように、二つの形象と形象のしるしが類似する場合、より完全な根拠が見出される。三つ目に、王とデナリオ銀貨における王の似像のように、形象の真理に関わらず、形象のしるしである形態のみが類似している場合、不完全な似像の根拠が存在する。そして被造物が神の似像と言われるのはこの不完全な似像の根拠による。この場合、トマスが無差異性を比べているのは、範型と似像の間の無差異性であるから、「無差異の形象」は範型の形象と似像の形象の両方を想定していることになる。

第四に、『神学大全』第一部第三十五問題の第一項第二異論解答においてトマスは、ヒラリウスの似像の定義における「形象」は「一つのものにおける他のものから導入された形相」を意味するものでしかない、と述べていることも参考として挙げられる。似像が何ものかの形象だと言われるのは、ちょうど、何ものかに類似したものが、相手のものに類似した形相を有するという意味で、そのものの形相と呼ばれるのと同様である、とトマスが説明しているからである。[35] したがって、トマスは範型の形象から導入された似像の形象を想定していたことになる。

以上の意味において、ヒラリウスの「無差異の形象」は、範型の「何であるか」すなわち「何性」を示し、また、似像にも範型と異ならない、あるいは類似した「形象」が存在することになる。そしてその二つの形象には本性的、比例的適合性があることは、第一巻第二十八区分の定義で検証したとおりである。類種関係の種という意味での"species"から脱しきれないメリエールは神がそれを超越していることから「基盤」という言葉をあえて考え出すことによって、本性的・比例的適合性を説明しようとしたのである。それゆえ、彼の言う「基盤」としてのみここでいう形象が「何性」と捉えられる、というのは受け入れ難いものとなる。

ここで「形象」という言葉の意味は明確にされたが、トマスは三つの区分において他の類似する用語も使っているので、それらも確認しておくことにする。

トマスは『命題集註解』第一巻第二十八区分で「形相」という言葉も使っていたが、さらに第二巻第十六区分のテクストの註解でも、ロンバルドゥスを受けて「それゆえ、似像は形相と関わる」と述べている。[36] しかし全体を通してみると、「形相」と「形象」はほとんど同じ意味に使われているにもかかわらず、なぜトマスは主な似像の定義においては「形相」ではなく、「形象」を選んだのであろうか、という疑問が残る。

デフェラリの *A Lexicon of Thomas Aquinas* によれば、「形相」の第三義には、質料に対してあるものをそのものたらしめる現実化の原理である、と出ている。また存在論的な秩序においては形相因であり、形を与える原理と言われ、本質、本性、何性、形象、実体等と同じような意味であると述べられている。[37]

他方、「形象」の第六義には、存在論的な意味で、本質と同義語であるが、類と区別される種とは正確には同義語ではないとある。[38] その典拠としては、「形相因として・・・ものに対して二様に対置される。第一に、ものの内部の形相としてであり、これが形象と呼ばれる[39]」。また「形象は常に形相と質料によって存立される[40]」と出ている。

これらを比べてみると、形相は原理として形を与えるものであるのに対し、形象はものの内部の形相であるとともに、形相と質料によって指し示されると言われている。それゆえ、形象の方が範囲は広いことになる。似像が外的な形態だけではなく、内的何性をも共に表現するものであるところから、より包括的な形象の方が定義として適切であるとトマスが考えたものと思われる。

さらに「神の似像」という文脈に当てはめてみると、範型たる神には外的な形など存在しないため、形相では十分に表現することができない。むしろ内的何性を表現しうる「形象」の方が適切であることになる。

また第一巻第二十八区分で使われていた「本性」という言葉は第二巻第十六区分第一項では「本質」という言葉に置換されている。「本性」という言葉には「活動の内的原理[41]」という意味があり、「それが何であるか[42]」を意味する「本質」の方が広義であり、「本性」をも含意することになる。しかし「本質」も、同区分第二項では使われなくなっている。

それゆえ、第二節でも触れたが、次になぜトマスが似像の定義に「形象」と同様に「何であるか」を表わす「本質」を使わなくなったかを詳しく考察することにする。そうすることによって、ロンバルドゥスが時には似像は本質の理解をもたらすと言っていたものに対するトマスの解答が提示できると考えるからである。

第二巻第十六区分第二項で「本質」が削除された理由としては次のようなことが挙げられる。第一に、『命題集註解』第一巻第二十八区分の第二問題第二項において、三位一体の神のペルソナ間の「似像」の場合を除いて、本来的には「本質」が「範型」に対してのみ言われ、「似像」についてては言われないことが判明したためである。(43)というのも、似像は何らかの原理に対する秩序を前提とするが、神的本質はそれに先立つ何らかの原理を持たないからである。それゆえ、トマスは「似像」を「模像」に割り当てて本来的に語るには「本質」という言葉は不適切だと判断したのである。第二に、第一部第三区分で、アウグスティヌスにしたがって「神の似像」は三位一体の神の三つのペルソナの関係を表現すると言っていることから考えれば、似像が本質的であるということは三位一体の神の一性にのみ該当し、ペルソナには該当せず、その三性が表現されなくなってしまうことになる。(44)したがって、似像の定義から「本質」という言葉を削除したのである。第三に、トマスは第十六区分第一問題第四項の異論解答六において「知性的たることは、知性的本性の本質と関わるとしても、本質であるかぎりの本質に関わるのではない」と述べているためである。「本質」には「存在を持つかぎりでの本質」を指す「全体的本質」と、存在とは区別される「それが何であるか」を示す「部分的本質」とがあるが、(45)「本質であるかぎりの本質」とは「全体的本質」を意味するものと解される。それゆえ、トマスはどちらにも取られる可能性のある本質は「それが何であるか」を表わすためには紛らわしいと考えたものと推察される。

こうしてトマスはこれらの用語に対する一つひとつの考察を十分に行い、その都度用語の意味を確認しつつつ、区分ごとにそれらを使い分け、置換あるいは削除して、さらに明確な「似像」の定義を規定していったことになる。

ここで重要なことは、トマスがヒラリウスの定義から採用した「形象」という言葉が最終的に似像の定義に最適であると認めるに至ったことである。「形象」という言葉はそのものの「何性」を意味するがゆえに、三位一体の神の本質とペルソナの区別を共に表現しうるからである。そしてヒラリウスの似像の定義が範型にも当てはめられることから、本来的な秩序正しい似像に限定すべく「何らかのものを模倣するもの」という文言を補うことによって、『命題集註解』においてトマスは独自の似像の定義を確立したのである。

メリエールは『命題集註解』第一部第二十八区分においてトマスの「似像」の定義は確立したのであり、第二部第十六区分はその省略形にすぎず、定義形成の上では何の意味もなさない、と言っていた。しかし、彼はその間にトマスが行った用語の詳しい検討および置換、削除という試行錯誤を通して、最終的に「形象」のみが残された行程の重要性をまったく理解していないことになる。

たしかに、『神学大全』第三十五問題において『命題集註解』のまとめとして挙げられている「似像」の定義[46]はかなり詳しいものであり、第一部第二十八区分の定義を連想させるものである。しかし、そこにはすでに第二十八区分にあった「本性」という言葉もなく、その後トマスが第二部第十六区分第一項で使っていた「本質」という言葉もなく、「形象」のみが使われていることを彼は認識していない。つまり、メリエールはいかなる行程を経てトマスが「形象」に辿りついたのかにまったく関心を示していないのである。

そして『神学大全』第九十三問題後半において似像が「形象の表現」(repraesentatio speciei) という簡潔な定義へと発展移行していくことを考慮に入れれば、第十六区分第二項の、メリエールが省略形にすぎないと述べている定義はその前兆であったことになる。しかしメリエールはトマスの似像論を語る上で重要なこの行程を見逃してしまったのである。さらに彼は『神学大全』における「形象の表現」というより能動的、より現実態的な定義の意義[47]も見落としているため、『命題集註解』における第二部第十六区分第二項の定義の意味を汲み取ることができなかったのである。

ペトルス・ロンバルドゥスはアウグスティヌスのペルソナ的な似像を述べた後に、似像は「時に本質の理解をもたらす」と述べて、状況によって「似像」の異なった見解を述べていた。それに対し、トマスは似像を「形象」と捉えることにより、神的本性およびペルソナの区別の両方を表現できるようになり、一つの本質と三つのペルソナを併せ持つ三位一体の神全体の似像を明確に表わすことができるようになったのである。それゆえ、トマスはロンバルドゥスが抱えていた不明瞭さをも解消することができ、似像としての統一的見解を示すことができるようになったことは、極めて意義深いことである。

したがって、トマスが「形象」に至る道程に沿って彼の思索を辿ることは彼の真の似像理解に到達することになり、ひいては『神学大全』において最終的に、動的な似像の定義へと発展する萌芽を読み取ることになるのである。

結び

ペトルス・ロンバルドゥスは『命題集』において、本来的な「似像」と非本来的な「似像」を区別し、似像は時に本質の理解をもたらすこと、さらに人間が神の知性的本性を表わす霊魂に即して「神の似像」であるという「似像」の基本を築いた。

トマスは『命題集註解』において、ロンバルドゥスの説からより先なる「範型」とより後なる「似像」の区別を導き出している。しかし「似像」が本質的に理解されることには同意せず、最終的には「本質」という言葉を削除している。

また、「似像」の概念には類似が含まれるが、それだけでは十分ではなく、「似像」を規定するものとしてヒラリウスの似像の定義から採用した「形象」を挙げている。その「形象」とは似像という文脈においてはそのものの何であるかを示す「何性」を意味するものと考えられる。さらにトマスによれば、「似像」の概念には「範型」と「似像」の模倣における秩序の関係が考察されるべきである。

こうしてトマスが最終的に採用した「形象」を「何性」と捉えることにより、ペトルス・ロンバルドゥスが「似像」はペルソナ的に理解される、あるいは時に本質的に理解されると言っていた一貫性のなさは解消された。すなわち、三位一体の神の似像であるということは神の本質もペルソナの区別もすべてを含んだ似像であり、「形象」という言葉はその両方を含意しうるからである。

それゆえ、メリエールが「形象」を類種関係で捉えているために生じた「基盤として」のみ何性として捉えられる、といった苦しい説明を一切する必要がなくなったのである。つまり、三位一体の神の「形象」と類似した「形象」を知性的被造物も持っているということである。

さらに、メリエールは『命題集註解』第二巻第十六区分の第一問題第一項の定義は第一巻第二十八区分の簡略形であり、定義形成の上で重要ではなく、トマスの似像理解には『命題集註解』を通じて変化はないと言っていた。しかし、この定義はトマスが「形象」に辿り着く重要な契機となった定義であり、しかも『神学大全』第一部第九十三問題後半のトマスの最終的な「似像」の定義、「形象の表現」へと展開していくことが萌芽的に含まれている重要なものであったと言える。

　したがって、トマスは『命題集註解』において、徐々に用語の使い方に厳密さを加えていったものの、最終的にはヒラリウスの「形象」を中心に、模倣における秩序の関係を補って、「似像」の存在論的な基礎を築いたと言えるであろう。そして『命題集註解』でトマスが辿り着いた「形象」という言葉は後の『神学大全』における似像の定義形成にも多大な影響を及ぼすことになるのである。

　次の第二章では、トマスが『真理論』においてアウグスティヌスの「記憶」および「神の似像」をアリストテレスの霊魂論を用いて分析していることを検証する。

（1）本章は同題の拙論（『文化』第六六巻、第一・二号―春・夏―、二〇〇二年、東北大学文学会発行に所収）を改訂したものである。

（2）「区分」とはペトルス・ロンバルドゥスの『命題集』およびトマスの『命題集註解』で使用されている分類方法の一つで、「巻」の下位区分を表示する。その後にロンバルドゥスの場合は「章」が、トマスの場合は「問題」が続く。

（3）cf. D.J. Merriell, op. cit., p.49.

（4）Petrus Lombardus, *Sententiae in IV Libris Distinctae*, I, d.28, cap.7 (124).

（5）Fulgentius, *De Fide ad Petrum*, c.1, n.5; (PL65, 674D; CCL91A, 715). “ad imaginem” が範型を意味している場合、「かたどって」と訳した。

（6）Hilarius, *De Trinitate*, V, t.II.

（7）cf. Petrus Lombardus, op. cit., II, d.16, cap.2 (93).

（8）cf. op. cit., I, d.28, cap.3 (94), 1.

（9） loc. cit., cap.3 (94), 5.

（10） Thomas Aquinas, *Scriptum super Libros Sententiarum Magistri Petri Lombardi*, I, d.3, q.2, a.1, sol.. 以下 *Sent.* と略記。cf. *Summa Theologiae*, I, q.45, a.7, c.; op. cit., q.93, a.6, c.. 以下 *S. T.* と略記。アウグスティヌスによれば、すべての被造物は創造主のつけたしるしである「痕跡」を示す。トマスは「痕跡」とは何らかのものの類似を意味し、類似するそのものの何らかの認識を示すが不完全である、と述べている。元来、痕跡とは何ものかが通った足跡のことをいうのであり、その運動の跡を示すが、そのもの自身がどのようなものであるのかという、その形象までも明確に示すものではない。それゆえ神の「痕跡」を持つ被造物は結果がその原因を表現するように、神の創造行為あるいは神の本質的属性を示すに留まり、三つのペルソナの区別および内的、位格的生命にとっては手がかりになっているにすぎない。

（11） I *Sent.* d.3, q.3, a.1, sol.. 括弧等は筆者が挿入。

（12） op. cit., q.2, a.1, sol..

（13） Hilarius, *De Synodis*, 13, col.490, t.II.

（14） cf. I *Sent.* d.28, q.2, a.1, sol..

（15） ibid.. 括弧は筆者が挿入。

（16） cf. D.J. Merriell, op. cit., p.46. メリエールは定義における「適合性（adaequatio）」について、「性質に関して（secundum qualitatem）」は「同等性に関して（secundum aequalitatem）」の間違いではないかと指摘している。性質のうちに性質に関する適合性を語るのは無意味であるというのである。筆者もその可能性はあると推察している。しかし、Marietti 版および Vivès 版でも“qualitatem”となっているので、一応性質に関する適合性として読むことにする。

（17） 「質料（materia）」は本来的には材料を意味する。アリストテレス哲学では「形相」との関係において「それによって物が存立する」と言われている。

（18） cf. II *Sent.* d.16, q.1, a.1, sol.. ここでは「形象と形象のしるし」と明確に言い換えられ、トマスは前者の場合を「完全な似像」、後者の場合を「不完全な似像」と呼んでいる。

（19） cf. D.J. Merriell, op. cit., p.46.

（20）II *Sent.* d.16, q.1, a.1, sol.

（21）ヒラリウスに従えば、「形象」だけでよかったのであろうが、ロンバルドゥスが「本質」を「似像」の基本として残しているため、トマスはその両方をとって、「形象と本質」と言ったものと考えられる。しかし、この第一項の解答において、トマスは「形象」の説明は詳しくしているが、「本質」については何も述べていない。

（22）II *Sent.* d.16, q.1, a.2, sol.

（23）cf. D. J. Merriell, op. cit., p.49.

（24）II *Sent.* d.16, q.1, a.2, sol..

（25）「種差（Differentia specifica）」とは、ある種概念を同一の類概念に属する他のすべての種概念から区別する表徴、すなわち当の種概念の特有の性質をいう。『哲学事典』平凡社、一九九五年第二十五刷。

（26）cf. Deferrari, Roy J. & Sr. Barry, M. Inviolata, *A Lexicon of St. Thomas Aquinas*, Rinsen Book Co., Kyoto, 1985, p.1041.

（27）cf. I *Sent.* d.28, q.2, a.1, obj.1: "sed species non est de extrinsecis rei; immo dicit quidditatem intrinsecam."

（28）cf. D. J. Merriell, op. cit., p.45; cf. op. cit., p.179.

（29）ibid.; cf. J. E. Sullivan, op. cit., pp.224- 225. サリヴァンも形象を類種関係で捉えているが、神に類種関係が適用しないことから、「形象のごときもの（quasi-species）」という言葉を用いている。

（30）Hilarius, ibid; cf. *Summa Theologica*, vol. 1, tr. Fathers of English Dominican Province, Christian Classics, repr. 1981, I, q.93, a.1, obj.3, p.469: "An image is of the same species as that which it represents"; *Summa Theologiae*, vol.7, tr. T. C. O'Brien, Eyre & Spottiswoode Ltd., London, 1976, I, q.35, a.1, obj.2, p.49: "An image is a species uniform with the reality it represents";『神学大全』第三部、山田晶訳、創文社、一九六七年、「似像は、『それにかたどられる原型たるもの』の似像であり、その原型と異るところのない形象である。」

（31）cf. I *Sent.* d.28, q.2, a.1, ad 4.「それにかたどって写し出されるかのもの」は「範型」の婉曲的な言い方であり、似像の定義の中に自然な形で入り込んでいる、とトマスは述べている。

（32）cf. I *Sent.* d.28, q.2, a.2, sol.; cf. Hilarius, *De Trinit.*, I, 3, C.23（ML10, 92）; *S. T.* I, q.93, a.5, ad 4. 神の本質が「似像」と呼ばれるのは

この本質に即しつつ一つのペルソナが他のペルソナを模倣していることに基づく。

（33）cf. I *Sent.* d.28, q.2, a.1, sol.

（34）I *Sent.* d.28, q.2, ad 3; cf. II *Sent.* d.16, q.1, sol..

（35）cf. *S. T.*, I, q.35, a.1, ad 2.

（36）cf. II *Sent.* d.16, expositio Textus.

（37）cf. Deferrari, Roy J. & Sr. Barry, M. Inviolata, op. cit., p.433.

（38）cf. loc. cit., p.1041.

（39）In XII *Libros Metaphysicorum*, V, L.2. 「第二に、ものの外部の形相としてであり、ものがその類似へとなると言われ、これに即してものの範型が形相であると言われる」とつづく。

（40）*Summa Contra Gentiles*, IV, 35, 8: "ex forma et materia semper constituitur species." 以下 *S. C. G.* と略記.

（41）cf. Deferrari, Roy J. & Sr. Barry, M. Inviolata, op. cit., p.720.

（42）cf. loc. cit., p.377.

（43）I *Sent.* d.28, q.2, a.2, sol.; cf. *S. T.* I, q.35, a.1, s.c.. 神的本質は範型としてのみ非本来的に似像と言われ、ペルソナの他のペルソナに対する似像の場合のみ本質を正しく表示する。しかし、本質においては神的ペルソナの本性と自己を模倣する似像は同じものになってしまい、各ペルソナの理解を歪曲させてしまうとトマスは述べている。これは「自らの自らへの似像というものが語られるほど不条理なことがあろうか」（*De Trini.* VII, c1. col.933, t.VIII）とアウグスティヌスが言っていることを受けているものと考えられる。

（44）三位一体の神には一つの本質（一性）の内に三つのペルソナ（三性）が存在すると言われている。

（45）cf. *De Ente et Essentia*, c.3.

（46）*S. T.* I, q.35, a.1, c..

（47）本書第四章第二節二参照。

第二章　トマスの『真理論』における神の似像

『真理論』は、トマスが『ペトルス・ロンバルドゥスの命題集註解』を書いた直後の一二五六年から一二五九年の三年間パリ大学評議委員の職にあったとき、神学に関わる種々の公開討論でのテーマを再検討した内容を、高度な神学的問題点としてまとめたものである。その内容は、彼に批判的な大学の教授団に対しても配慮をしながら書かれているため体系的に不十分なところが見られるが、それでも特定の問題に対しては極めて深い洞察を見ることができる。トマスは『真理論』の前半において、知性とその対象である真理について論じ、また後半では意志とその対象である善について論じている。この中でトマスは、理性的被造物の知性と意志が神の永遠に所有する真理と善に参与することにより統一され、完成されることを明らかにしようとしている。

本書の序章と第一章で、アウグスティヌスからペトルス・ロンバルドゥス、そしてトマスの『命題集註解』と、『真理論』以前の三位一体の似像論の流れを見てきたが、この第二章では、トマスが『真理論』においてアウグスティヌスの三位一体の似像を詳しく分析し直していることを取り上げる。トマスの最初の大作である『命題集註解』は全体としてペトルス・ロンバルドゥスに従っているため、特にトマスらしさが表れているとは言えない。しかし、トマスはこの『真理論』においてアウグスティヌスの神の似像を、アリストテレスの霊魂論をもって徹底的に分析し、トマス自身の似像論の基礎を築いている。すなわち、トマスは、アウグスティヌスの似像論において大変重要であった「記憶」をこの『真理論』において削除したのである。

第十問題では、人間の霊魂の分析に重点が置かれているため、トマスはアリストテレス哲学の継承者ではないかと考える研究者もいる。しかし、トマスは、『真理論』ではアリストテレスの霊魂論を分析の道具として用いているが、彼は決してアウグスティヌスを排除したわけではないと考えられる。

そこで、第一節では『真理論』第十問題の構成について述べ、トマスがアウグスティヌスの神学を継承していることを立証する。第二節では「精神」の分析を行い、トマスが精神の存在論を確立していることを見る。第三節では、アウグスティヌスの「記憶」を徹底的に分析し、「記憶」が精神の中でどのような位置を占めているのかを明らかにする。第四節では、トマスがそれらを基にアウグスティヌスの似像を分析し直しているのを捉え、第五節では「記憶」が神の似像から削除されていることを検証する。さらに第六節では「類比」と「同形化」に基づく類似について論じることにする。

第一節 『真理論』第十問題の構成

『真理論』第十問題の似像論を取り扱う前に、『真理論』全体の中におけるその位置づけと、第十問題自体の構成を見ておくことにする。

大きく分けて、『真理論』は二つの部分に分けられる。前の三分の二にあたる第一問題から第二十問題は、知性とその対象である真理について論じられ、後の三分の一にあたる第二十一問題から第二十九問題までは、意志とその対象である善について論じられている。

また、前の真理に関する部分の中でも、中程の第十問題で本書が扱う人間の精神について論じられている。そしてその中でも前の三分の一、すなわち第一問題から第九問題までは「真理とは何か」から始まり、神の知識、神の観念、神の言、そして天使の知識までが論じられ、主に真理に関する神の属性が取り扱われている。

そして後の三分の一、すなわち第十一問題から第二十問題には、信仰、離脱、予言、死後の霊魂の知識といった、神との関わりにおける分野がほとんどを占めている。またそれらの問題は、被造物がいかに神の真理に参与できるかについて検討している。もちろん、すべての項が理性の範囲を超える問題を取り扱っているのではないとしても、トマスは、神との関係のうちに位置する人間を探求しているのである。

他方、善に関わる最後の三分の一、すなわち第二十一問題から第二十九問題までは、神の意志、人間の欲求能力、神の恩寵といった分野を扱い、そこでも神との関わりのうちにある人間を探求している。それゆえ、『真理論』全体が神学的枠組みを持っていることは明白であり、トマスの関心は、主に神と、神との関係のうちにある人間にあると言える。

次に「三位一体の似像が存在する精神について」[1]という題がつけられた第十問題自体の構成について見ることにする。中程の第七項には、「三位一体の似像が精神に存在するのは質料的なものを知ることによるのか、それとも永遠のもののみを知ることによるのか」という題がついているが、この項が第十問題全体の構成の中心的役割を果している。第一項から第三項までで、三位一体の似像の存在論的な立場が明確にされた後、この第七項を中心にして前の三つの項（四～六項）が質料的なものの認識に、後の三つの項（八～十項）が自己自身の認識に、最後の三つの項（十一～十三項）が神の認識に割り当てられ、それぞれに考察が行われている。そして第一項と第七項と第十三項で三位一体の似像に触れている。[2]

したがって、第十問題自体が人間の認識の対象におけるいくつかの段階を示していることになる。「記憶・知性認識・意志」という三つの能力の対象が質料的なものの場合は、神の似像はそこに見出されず、対象が精神、そしてさらには神である場合、神の似像が見出されることを、トマスは明らかにしている。それゆえ、トマスの『真理論』第十問題の構成には、低位のものから高位のものへと認識の対象が移っていくという上昇の動きが見られる。そして、この三段階の区別が第十問題の構成の基礎となっている。

最初の第一項ではトマスは人間の本性における三位一体の似像の存在論的基礎を提示している。そして三位一体の似像の存在は人間の精神の本性に根ざしていると述べている。しかし最後の第十三項で、トマスは、神の三位一体の知識は人間の本性的な認識に伴うものではないと結んでいる。すなわち、第一項から、精神と体を併せ持つ人間を扱う第七項までは似像の存在の自然的条件を明らかにし、第八項から第十三項までは自然的レベルでのみ論ずることに限界があることを示唆している。

このように、『真理論』全体、そして第十問題全体は明らかに神学的論文である。しかし、第十問題の前半でトマスは人間の精神、記憶、知性認識、意志といった本性的能力および知識習得の過程を分析するのに、アリストテレスの霊魂論や認識論を度々使っている。そのためドゥ・ブールクイーユは、トマスがアウグスティヌスを徐々に捨て、アリストテレスの継承者になったのではないか、と述べている。[3] それに対し、本書はトマスがあくまでもアウグスティヌスの継承者であることを論証しようとするものである。

前述のように、第十問題の構成からしても、それは主張できる。第一に、「三位一体の似像が存在する精神について」という題を見ても、トマスが神の似像の対象となりうる可能性を持つものとして、人間の精神に興味を持っていることは明らかであり、問題は常に「神の似像」という神学的概念で始まっているからである。ところが「神の似像」という概念はアリストテレスにはまったく見あたらない。

第二に、第十問題の中でも、第四項から第六項まで人間がいかに質料的なものを捉えるかという認識論を扱っているのは、人間が肉体と精神の両面を持つものであるため、外的感覚や表象についてもある程度触れなければならないからであり、トマスの関心が人間本性の肉体的側面よりも精神的側面に重きが置かれているのは明らかである。彼は人間の認識のみに限定された論文を書いているのではなく、その認識を通して神の真理に与り、神の知識にまで上昇することを捜し求めていたのである。それゆえ、トマスが三つの項で特にアリストテレスの認識論を扱っているからという理由により、彼が全体として受け継いできたアウグスティヌスの似像論を排除したとは到底考えられない。

第三に、前述のとおり、第十問題の構成が認識の三段階にしたがって上昇しているのは、まさにアウグスティヌスが『三位一体論』後半で感覚的なものから始め、精神そして神と、徐々に高いもののうちに神の似像を求め、ついに神の知と愛のうちに三位一体の似像を見出したことと完全に類似している。

第四に、ドゥ・ブールクイーユは、アウグスティヌスが異論解答に引用されるだけで彼をほのめかす表現が各項の結論部分に度々見られないという理由で、トマスにあまり重視されなかった、と述べているが([illegible])、第十問題の神学的構成から見て、また『真理論』全体をとおしても、トマスにとってアウグスティヌスこそが権威として不動なのである。というのも、完全に哲学的なレベルにおいては、確かにアリストテレスの方がより客観的妥当性を有していることが往々にしてあり、より明確に説明できているのかもしれない。しかし、トマスの議論は、すでに受け入れられた前提から推論して、結論を証明するという方法を採っているため、アウグスティヌスの名前が各項に出てこなくても、それが即座にアウグスティヌスを否定したことにはならない。こういう議論の進め方からすれば、権威は二次的にならざるをえないのである。さらに、対抗する反対論者の場合、トマスはあまり名前を出さないことが多いのであるが、アウグスティヌスの場合は所々に名前やテキストを明示して、アウグスティヌスの権威に則っていることを示してきた。

要約すれば、『真理論』および第十問題の構成から見ても、アウグスティヌスの考え方は『真理論』を貫いており、精神は本性の内面への沈潜から、徐々に上昇し、神へと向かう。そしてこの第十問題も人間の本性に根ざした霊魂論から始まってはいるが、アウグスティヌスと同じ神への上昇の形をとっているのである。しかし、霊魂論および認識論に関しては、まだ未分化で不明瞭なアウグスティヌスよりはアリストテレスの方が鋭い観察力と分析力を持っているため、より的確な判断を下せていることはトマスも十分認めている。それゆえ、以下で説明するように、『真理論』第十問題はアウグスティヌスの三位一体の神の似像を、アリストテレスの霊魂論および認識論をもって分析し、吟味し、それに存在論的立場を与えたと言えるであろう。

アリストテレスは「我々の知識は一部内的であり、一部外的である[5]」と言っている。換言すれば、すべての知識が感覚から入ると言うアリストテレスも、自明の理を第一原理として認めていることになる。またアウグスティヌスは、不可侵の真理である神の照明によって、我々は記憶のうちに持っている知識を認識できる、と言っている。したがって、トマスがあらゆる知識の根源として普遍的真理を能動知性の光から直接得ると言うとき、アリストテレスの説とアウグスティヌス独自の照明説とにある種の共通点を認めることができる。すなわち、トマスにとっても、またアウグスティヌスにおけると同様、「師（magister）」は永遠の造

られざる真理、神なのである。(6)

次の第二節では、似像の基体となる「精神」の分析をトマスが行っているのを見ることにする。

第二節　精神の存在論

トマスは『真理論』の第十問題において、「三位一体の似像が存在する精神について」論じている。第一項では「精神のうちに三位一体の似像が存在することから、それは霊魂の本質であるか、またはその何らかの能力であるか」が問われている。精神について論じ始める前に、トマスは精神の定義を明らかにしておく必要を感じたのであろう。

「精神（mens）」という名称は「計る（mensurare）」に由来している。ところで、アリストテレスの『形而上学』十巻から明らかなように、どんな類のものもその類の中で最小であるもの、また第一原理によって計られる。それゆえ「精神」という名称は「知性」という名称と同様に、霊魂のうちでこのように語られる。というのも、知性はいわばその原理に照らして、それらを計ることによってのみものについての認識を得るからである。ところで、知性は働き（現実態）との関係によって語られるので、霊魂の能力（可能態）を表示する。(7)

この定義を見るかぎり『命題集註解』の定義と似ていることに気がつく。

精神（mens）は「計る（metior）」という動詞から派生していると言われるのに従って、時にものを吟味する知性そのものであると言われる。そして上述のことから、精神は霊魂の高位の部分であると主張される。[8]

精神をほとんど知性と同一視していること、語源的に形は違っても「計る」という同じ意味の動詞を持ってきていることなどが両者の共通点としてあげられる。しかし『命題集註解』で「霊魂の高位の部分」というあいまいな表現だったものが『真理論』では「霊魂の能力（可能態）」という、より厳密な表現に変わっていることは特筆すべきことである。これによってトマスは精神に確実な存在論的地位を与えた。確かに「精神が霊魂の高位の部分である」という表現は、アウグスティヌスの「記憶・知解・意志」の三つの主体としての精神を含意するには便利な表現であった。しかしトマスは『真理論』において精神は知性とほとんど同じように使われることがあること、そしてそれは霊魂の本質ではなく、能力であることを明確にした。トマスは「精神は霊魂の本質そのものであるように思われる」という主題に対し否定的な立場をとっていた。そのため反論一で「霊魂はその能力以外の部分を持たない。しかし精神は霊魂の高位の部分であるとアウグスティヌスが言っている。ゆえに精神は霊魂の能力である」[9]と述べていることから、霊魂に見出されるあらゆる部分は能力ということになる。

ところがアウグスティヌスが精神は本質だと言っていることから、トマスも主文で次のようにアウグスティヌスのいう本質に対してかなり長い弁護をしている。つまり、力や能力は本質と働きの中間に位置するものであるから、本質は能力が働きを通して示してくれるのでなければ我々には分からない。それゆえ我々はよく能力や力のことを本質と呼ぶことがある、と言う。能力を本質と呼ぶ場合、ものはそれがもつ最高の力によってそれぞれ区別されなければならない。植物には低位の栄養的または植物的霊魂があり、動物にはそれより高位の感覚的霊魂があるように、人間には最高位の知性的霊魂または精神があり、それが人間の霊魂に固有のものなのである。

以上のことから、トマスによれば、我々が持つ精神は我々の霊魂の最高位の力であるということになる。基本的には、「神の似像を持つものとして、精神は霊魂の能力と呼ばれるのであって、その本質と呼ばれるのではない[10]」と結論づけている。しかし、神の似像は我々の中で最高位のもののうちに存在するので、精神が最高位の力である限りにおいて、似像は霊魂の本質に属することにもなる。それゆえアウグスティヌスを弁護して、「もし精神を本質と取るなら、そのような力が本質から流出するという限りにおいてである[11]」と述べている。

ところで、人間に固有の霊魂の中には様々な能力が見られるが、知性的部分の活動は、植物的能力や感覚的能力と違い、質料や質料的条件を必要としない。たとえば、一見したところ、人間の霊魂の欲求には感覚的要求と知性的要求があり、対象が同じ善であるため同じレベルに属しているかのように見える。しかしその働きの様相をよく調べてみると、低位の要求、すなわち感覚的欲求は「今、ここに」という質料的条件のもとに個別の対象を求める。それに対し、高位の要求、すなわち知性的要求である意志は知性が認識してから対象に向けられる。それゆえ意志は知性的レベルに属するのである。精神は本質ではないが知性と意志の両方を含む。したがって精神は霊魂の能力の或るレベルを意味することになる。言い換えれば、それは質料とその条件をまったく必要としない、すべての能力が含まれる知性的レベルのことである。

それでは、以上のことを神の似像に当てはめてみるならば、どうなるであろうか。すなわち、精神が神的本質に当たり、記憶が父に、知性認識が子に、意志が聖霊に、それぞれの能力が三位一体の神の三つのペルソナに当てはまる。そしてこれらの三つは部分が全体に対するように一つの精神に含まれる。したがって、精神は「記憶・知性認識・意志」よりも上位の一つの能力ではなく、これら三つを総括する「能力的全体（totum potentiale）」[12]ということになる。

これを三位一体の似像である人間の部分との関係のうちに見ると、精神には二つの意味があることになる。似像の能力の全体としてとれば、精神は共通の能力として人間の霊魂の最高位の部分の「能力的全体」となる。また精神は各能力がそこから自然に流れだす限りにおいて霊魂の本質ともいえるので、「能力の基体」としても語られる。似像は霊魂の最高位に位置しているが、また霊魂の本質そのものに根ざしているともいえるのである。

エールレッド・スクワイアーは、トマスが「精神（mens）」という言葉をアウグスティヌスの意味した通り解釈する必要を感じていなかったのではないかとしている。彼は、トマスがアリストテレスの霊魂論的観点から、身体の形相である霊魂の可能態としての「ヌース（nous）」のことを考えていたようである、と主張する。アウグスティヌスは「記憶・知性認識・意志」という三一性において、「一つの本質」を形作るものとして「精神」を捉えていた。[13] しかしスクワイアーによれば、トマスは「精神」という言葉に、精神的で、理性的な働きの原理としての霊魂の意味も持たせてはいるが、彼にとって、「精神」とは統一の場ではなく、一つの「凝集した塊（agglomeration）」なのである。[14] スクワイアーは、“agglomeration”という言葉のうちにいくつかの能力の集まりという意味を持たせているのではないかと考えられる。アウグスティヌスは可変的なこの世からかけ離れた、不変で、永遠の神の本質に照らされた似像を求めていた。それに対し、トマスにとっても神は不変であったが、純粋現実態として不変なのであった。ここから二人の違いがはっきり出てくるのではないか、とスクワイアーは述べている。(15) 確かに、トマスが似像を完成されるべきものとして捉えていることを考えあわせれば、スクワイアーが精神を霊魂の可能態である「ヌース」として捉えているのもあながち的外れではないように思われる。しかし「能力的全体」を「凝集した塊」と捉えていることには賛成できない。「凝集した塊」という言葉には個々の能力が集められたイメージはあるが、知性的な統一体の名前としては適切ではないと考えられるからである。

他方、アンブロワース・ガーデイルは、トマスの言う精神と三つの能力の関係は全体と部分という実体を同じくするものの（con-substantiel）関係であるが、アウグスティヌスの言う本質としての精神と三つの能力の関係はそうではない、と指摘している。「神の似像」の表現においては、全体と部分という実体を同じくするものの関係が第一義的であり、本質としての精神と三能力の関係は基体と付帯性の関係であり、第二義的な意味しかないとしている。(16) ガーデイルの言うように、実体の同一性という観点からも、トマスが本来的に意味したところからも、能力としての精神の方が重要であると考えられる。本質としての精神はアウグスティヌスの意味するところを弁護するために、本来的な意味を拡張したものと考えられる。

結論として、狭義には「精神」は知性のみを指す場合があり、少し意味を広げれば、人間の霊魂におけるすべての知性的能力を指す。そして、この意味でトマスは精神を用いている。最も広義には、それらの能力が本性的に可能になるという限りにおいて、霊魂の本質ということになる。アウグスティヌスも時には精神を知性と同等視し、ある時は「記憶・知解・意志」と共に知性的霊魂の高位の部分として語り、さらには「霊的実体」として語っている。第三節で精神の能力に関しては両者にはかなりの相違点が見出されることになるが、精神に関しては、アウグスティヌスの具体的な精神の概念の捉え方に対し、トマスの抽象的、形相的な捉え方という違いがあるとはいえ、知性的能力の総元締めとしての精神の捉え方には何らかの類似点が見出される。

このように、トマスは第十問題第一項で精神の存在論的地位を明確にしている。そうすることによって『創世記』の、人は「神の似像に造られ」、また人は「神の似像である」という記述の意味も明らかになってくる。『真理論』においてトマスは似像を神との動的な関係と考えるようになってきているが、なお似像は常に人間の本性とは切り離せないものとして捉えているのである。

次の第三節では、トマスを悩ませていた「記憶」がこの精神の概念のうちのどこに位置づけられるのかを検証する。

第三節　記憶の位置づけ(17)

第二節で見たように、トマスは『真理論』第十問題第一項で精神の存在論的立場を明確にした上で、「記憶」および似像の分析を行っている。アウグスティヌスが精神の奥底に存在するというこの「記憶」をどう分析し、どこに位置づけすればよいのかという最大の問題点を、トマスは『真理論』第十問題第二項「記憶は精神に存在するか」で論じている。

この『真理論』第十問題に関する研究はいくつかあるが、そのどれもがアウグスティヌスの記憶とアリストテレスの記憶の関係、およびその両者がトマスの似像論に与えた影響、特に「記憶」の位置づけに関してはほとんど触れていない。わずかにメリエールが、アウグスティヌスの記憶はアリストテレスの記憶とは異なり、知性的な記憶であると述べてはいるが、「記憶」の立場が及ぼした影響についてはあまり注目していない。

アリストテレスは『記憶と想起』第一章で、記憶とは時間が経過したとき、知覚あるいは概念と関わる一種の所有態（hexis）または状態（pathos）である(18)、と述べている。ところで、時間を知覚することは大きさや動きを知覚することと同じ表象力（phantasia）に属する(19)。それゆえ、アリストテレスは「記憶はそれが思惟されるところのものの記憶であっても、表象像（phantasma）なしには不可能である。そして表象像は共通感覚の一様態である。したがって、それは付帯的には思惟能力に属するけれども、自体的には第一感覚能力に属するのであろう(20)」と述べている。すなわち、アリストテレスのいう「記憶」は知性的部分には属さず、第一感覚能力、つまりトマスの言う内部感覚に属することになる。

これに対してトマスは、本来的に言えば、この過去をこの過去として知るということは、この現在をこの現在として知る、個別を捉える力、すなわち感覚に属するものである、と言う。しかし記憶は過去の知識を今との関連のうちに見るのであるから、感覚より高い能力が必要になる。それゆえトマスは、アウグスティヌスの語る記憶は感覚的なものではなく、より高位のものと思われる(21)、と主文で述べている。

ところで、知性認識は個別を捉えるのではなく、抽象されたものを捉える。そこでトマスは、知性が可知的事物を認識するだけではなく、さらに自分がその可知的事物を理解している、という事実をも認識することに注目する。そして彼は「自分がすでに知っている」ということを反省的に理解する限りにおいて、過去、現在、未来を共通の根拠によって知る知性のレベルで「記憶」を捉えた[22]。それゆえトマスによれば、新しく受け取られたのではないすべての知識は記憶と呼ばれることになる。こうしてトマスは記憶の意味を広げることにより、アウグスティヌスの語る重要な「記憶」をアリストテレスの感覚的な記憶ではなく、知性的なものとして位置づけようとしたのである。

以上のことから、トマスに従えば、アウグスティヌスの「記憶」が知性的なものであることが判明したが、次にその「記憶」が精神においてどのような立場にあるのかを考察することにする。

精神あるいは知性認識が何らかの方法で過去のことを知ることができるのは、対象が可知的である場合に限られており、時間の相違はその対象にとって付帯的なのである。それゆえ、精神の中に記憶が存在していても、それは知性認識とは別の独立した能力としては存在しえない。言い換えれば、知性認識には二つの意味があることになる。その第一は、我々が現実に思惟しているものを知性認識する場合であり、第二は、現実に思惟していないものを知性認識する場合である。一般に、能動知性（intellectus agens）が表象像から抽象したものを可能的知性（intellectus possibilis）が受動的に受け入れるが、そのさい可能的知性が捉えるものが可知的形象（species intelligibilis）と呼ばれる。可能的知性が完全に働くことによって可知的形象を現実に知性認識するのが第一の場合であって、それが知性認識の現実態のことである。それに対して、可能的知性が不完全にしか働かず、純粋可能態と純粋現実態の中間の状態にあるため、可知的形象をただ保持する場合がある。これが第二の場合にあたり、知性認識の所有態[23]のことを指す。トマスはこれを知性的記憶と呼んでいる。それゆえ、この二つには精神における一つの能力の現実態と所有態の区別のみがあって、能力間の区別はない。

すなわち、トマスはアリストテレスの『記憶と想起』において言われている記憶が「付帯的には思惟に属する」というところに注目して、現実態として認識しないときの可知的形象の留まる場所を可能的知性に求めたのである。(24)なぜならば、感覚的な表象から能動知性によって抽象されて普遍的なものとなった可知的形象はすでに感覚には留まりえないからである。トマスはこの可知的形象の留まる場所を、アリストテレスの『霊魂論』第三巻で「霊魂の知性作用の部分は形相の場である」(25)と言われているところから導き出した。つまりアリストテレスは『記憶と想起』において、知性的な記憶に関しては「付帯的である」と述べているに過ぎない。しかし、トマスはその「付帯的な知性的記憶」と『霊魂論』における「形相の場」である知性との間に関連性を見出している。ただアリストテレスはそれを記憶とは呼んでいないが、トマスはそれが知性的記憶に当たると解釈したのである。こうして、彼はアウグスティヌスの語る「知性的記憶」を保持する場を可能的知性に見出した。また、アウグスティヌスがこの「記憶」を「知と愛」の内的可能性を包括するものとしているところから、トマスもアウグスティヌスの「記憶」が精神に存在する所有態的なすべてのものを保持することを認めている。

ところで、トマスにとってアウグスティヌスとアリストテレスはどのような関係にあったのであろうか。そのことに触れてみることにする。

トマスがアウグスティヌスの記憶を「知性の所有態的保持」と捉えるに至ったのは、確かにアリストテレスの霊魂論的分析に負うところが大きい。それゆえトマスが人間の霊魂の客観的、学問的研究を主眼としているため「神の似像」の概念は付随的であり、彼はアウグスティヌスを捨て、アリストテレスを採用するようになった、と解釈する人(26)もいる。

ところが、トマスが記憶と知性認識が同じ能力に属することを学び取ったのはアリストテレスからだけではなく、アウグスティヌスにも典拠となりうる箇所が見られる。『三位一体論』第十巻で「記憶・知解・意志」による第二の三一性を見出した後、アウグスティヌスが「精神において自己の記憶と自己の知解を区別するのは困難である。あたかも、この記憶と知解の二つは二つではなく、二つの名称で呼ばれる一つのもののように、二つは相互に緊密に結合され、時間的にはどちらも先行しないように見える[27]」と述べているからである。これはトマスがアウグスティヌスの『三位一体論』そのものから示唆を得たとしても不思議ではない箇所の一つである。トマスがアリストテレスの霊魂論を分析の道具として使ったとはいえ、似像に関しては常にアウグスティヌスの思索に付き添いつつ独自の似像論を発展させてきたのであり、後で述べるように最終的結論もアウグスティヌスの『三位一体論』第十五巻から読み取っている。それゆえ、全体的流れから見ればトマスがアウグスティヌスを否定したとは考えられない。

トマスは、アリストテレスの『記憶と想起』における感覚的な記憶はアウグスティヌスの「記憶」には当てはまらないと考えて、前者をそのまま受け入れることはできなかった。しかし、トマスは前述の書の「付帯的な知性的記憶」と『霊魂論』における「知性は形相の場である」というアリストテレスの諸説のうちに関連性を見出し、アウグスティヌスの「記憶」を「知性の所有態的保持」と捉えるに至ったのである。

第四節　三位一体の似像の分析

第三節の「記憶」の理解を基に、第四節ではトマスがアウグスティヌスの「神の似像」をアリストテレスの現実態、所有態、可能態という概念をもって分析し、「記憶・知性認識・意志」が現実態であるとき最も似像を表現する、と述べていることを検証する。そして、前節で見たアウグスティヌスの「記憶」の分析が似像全体に与えた影響についても検討することにする。

『真理論』第十問題第三項には「記憶はある能力が別の能力から区別されるように知性認識から区別されるか」という題がついている。しかしこの項でトマスは、疑問視し続けていた記憶の存在論的分析だけに留まらず、アウグスティヌスの三位一体の似像にも「完全な模倣 perfecta imitatio」と「不完全な模倣 imperfecta imitatio」があることを見出す。

アウグスティヌスは明確には三位一体の似像を能力とは捉えていないため触れてはいないが、トマスは知性認識の能力という別の側面を提示している。彼は「知性」という能力には二つの機能があり、現実に思惟していないときの思惟の所有態つまり「記憶」と、現実態としての知性認識の二つが属することを明確にし、アウグスティヌスの三位一体の似像を分析していくための基礎を築いたのである。

トマスはこの第三項で「記憶・知性(28)・意志」という能力がそれぞれ可能態、所有態、現実態という三つのレベルで存在することを見出すと共に、さらに三位一体の似像自体も主にこれら三者の「能力・可能態（potentia）」ではなく、完全な「働き・現実態（actus）」のうちに見出されると主張する。

「霊魂が完全に三位一体を模倣するのは現実に記憶し、現実に知性認識し、現実に意志することによる」とトマスは第三項の主文で述べている。アウグスティヌスは「記憶・知性認識・意志」が能力ではなく、働きであるとき、完全な模倣が存在すると考えていたようである。この主文で、トマスは精神における三位一体の似像は二段階に分けて説明できると解説する。一つは「完全な模倣」が存在する段階であり、もう一つは「不完全な模倣」が存在する段階である。この「完全な模倣」は知性と意志の完全現実態である時のみ語られる。トマスが完全な、あるいは不完全な模倣という言葉を選んだのは、この完全現実態、不完全現実態の違いを示すためであろう。しかし「記憶」には完全現実態などありえないにもかかわらず、トマスが未だに「現実に記憶し」と言っているところから見ると、この段階では彼の記憶の捉え方がまだ確定していないように思われる。

トマスは主文で次のように述べている。

すなわち、造られざる三位一体においては第二のペルソナが言（Verbum）だからである。ところで、言葉は現実態として思惟されなければ存在しえない。・・・記憶が所有態的知をもたらすのに応じて、一方で、知性認識はその知から発出する（procedens）現実態としての思惟をもたらす。他方、意志は思惟から発出する現実態としての意志の動きをもたらす。(29)

これはトマス自身が引用しているように、アウグスティヌスが『三位一体論』第十四巻第七章で次のように述べているところから導き出した。

精神においては、言葉は思惟なくしてはありえないのである（私たちが語るすべてのことは、いかなる国民の言語にも属さないあの内的な言葉によるにしても、思惟の結実であるゆえ）から、この似像はむしろ記憶と知解と意志という三つのものにおいて認められる。しかし今、私が知解と言うのは、記憶の中に現在していたが、まだ思惟されなかったものを見出すことによって私たちの思惟が形成されるとき、私たちに思惟しつつ知解させるものである。また意志あるいは愛というのは、この子と親とを結合し、ある仕方でその両者に共通なものである。(30)

トマスがアウグスティヌスの「記憶・知性認識・意志」を新しく解釈しなおすとき、このアウグスティヌスの言葉（verbum）の概念が中心的役割を果している。すなわち、アウグスティヌスは我々の精神に生じる思惟的概念のことを、発話される前の内的言葉と呼んでいる。そしてトマスは、三位一体の父から第二のペルソナである言が生まれることと、人間の記憶に保持されている知の中から知性認識の完全な働きのうちに出てくる内的言葉とのうちに類似を見出している。また第三のペルソナであり愛なる聖霊の発出と、人間の意志の動きによる愛の形成のうちに類似を見出しているのである。ここでトマスは記憶を知の所有態として捉え、内的言葉の発出を暗示しながら、知性認識を精神の所有態的知から起こる思惟の「働き」として捉えている。そして意志については、先の知性の働きから発出する意志の現実の動きとして捉え、意志を完全な「働き」と解釈している。

しかし、トマスは直前で「第二のペルソナが言だからである」と言っておきながら、ここでは知性と意志という二つの働きを精神における「言葉と愛の発出」としてはまだ定着させていない。後で見るように、第七項では「思惟の働きによる言葉の発出」とするところを、「記憶から発出する思惟の働き」として、また「意志の働きによる愛の発出」とするところを、「思惟から発出する意志の動き」として語っているにすぎない。それでもトマスがこの第三項において、「知性認識と意志」の現実態を似像として捉えているということは、後にそれらの働きが生み出す結果としての「言葉と愛」の発出を似像として捉えるための、非常に重大な似像への移行の前兆として読み取れるのである。

それゆえ、以上のうちで最も重要なことは、トマスが「三能力」として捉えていた似像をここでようやく知性と意志の「働き」すなわち「現実態」として解釈するに至った、ということである。彼がアウグスティヌスを引用するのは、似像を「能力」として捉えるスコラの一般的な解釈よりも、「働き」としての解釈をアウグスティヌスが支持していることを証明したかったものと考えられる。

以上でトマスによる「完全な模倣」の考察を終え、次に「不完全な模倣」について検討し、さらにこの両者の関係をも吟味することにする。

トマスは、所有態と能力（可能態）という観点から捉えると、内的言葉を発しない低位の「不完全な模倣」が見出されると言う。トマスが、アウグスティヌスの霊魂における「精神・知・愛」を三位一体の似像の基礎として語っているのがこれである。[31] トマスは『命題集註解』で、精神を「霊魂のより高位の部分自体」とし、また知は記憶の所有態、愛を意志の所有態として了解していた。しかし『真理論』では、第一項ですでに考察されているとおり、精神を「能力」[32]、そして知と愛を「所有態」として分析している。

ところが今度は、トマスはアウグスティヌスの二つの似像の内に、関連性を見出している。彼は知性認識の三つの状態―現実態・所有態・可能態―を見出したが、それがこの解釈の基礎となっている。アウグスティヌスが知と知性認識の両方を知識の所有態として使っていることを示しながら、トマスは「知と愛」は「知性認識と意志」の所有態を意味すると述べている。第一の似像の「精神」と第二の似像の「記憶」には関連性が見出せないが、「知」は「知性認識」の所有態として、また「愛」は「意志」の所有態として捉えられ、「記憶」に帰属している。そして、それらが現実態として働くとき、知性認識し、意志することになる。

以上のことをまとめてみると、アウグスティヌスの第二の似像は所有態的な第一の似像の発展であり、現実化されたものであると言える。彼は常にアウグスティヌスの第二の似像、「記憶・知性認識・意志」の方を重視していたが、最終的にはその中でも「知性認識と意志」という言葉のみを取り上げ、初めはそれを現実態として、次にそれを所有態として、そして最後に可能態として解釈することになる。

それでは似像を可能態・能力として捉えれば、どうなるのであろうか。

トマスは、似像を「能力」として捉えることは可能であるという。もし三位一体の似像が「記憶・知性認識・意志」の現実態という条件の中で、最も完全な形で存在するとすれば、それらの働きが生じてくるべき「能力」こそが似像の存在の根源ということになる。彼は「しかし結果がその原因のうちにあるように、働きは根本的に（radicaliter）能力にあるのであるから、現実態としての記憶、知性認識、意志による完全な模倣は根源的には（originaliter）能力の内に見出される。その能力によって霊魂は記憶し、現実に知性認識し、意志するからである」[33]と解説している。それゆえトマスは三位一体の似像が「能力」の上に成り立つことも認めていることになる。

しかしトマスは、記憶が知性認識とは別の何らかの能力であるという意味ではない、と付け加えている。ここでもまた記憶の問題が頭をもたげている。それはトマスが第二項で、記憶は知性の能力とは別の独立した能力ではない、とすでに述べているからである。記憶が知性の所有態であり、知性認識が知性の現実態であるならば、両方共、知性という同じ能力に属することになり、アウグスティヌスの三位一体の似像の部分に変形を来すことになる。しかし、トマスは第三項においては、「記憶」と「知性認識」という二つが所有態的な保持と現実態的な働きという違った秩序づけ（habitudo）を持つがゆえに、神の三つのペルソナを反映する、としている(34)。こうして伝統的なアウグスティヌスの三者による似像は維持されたが、一つの能力が所有態と現実態という別の状態にあることから、厳密な意味での三位一体の似像としての同等性は失われてしまうことになる。

トマスが『真理論』で見出したこの分析は、先に引用したアウグスティヌスの『三位一体論』第十四巻第七章から読み取ったものである。知性的記憶で悩んでいたときも、「記憶・知性認識・意志」を所有態と現実態という二つのレベルで捉えられることについても、この箇所から示唆を得た。特に大きな展望を与えたのが、アウグスティヌスのいう内的言葉と思惟の働きとの関係であった。その中でもトマスが重視していることは、〈似像が現実態においてこそ最も表現される〉ということであり、それを彼は「完全な模倣」と呼んでいる。その結果トマスは、神の三位一体を発出として捉えるようになったのである。彼は人間において似像が能力のレベルで永続的に存在することを認識していたがゆえに、主に現実態のレベルで似像を捉えるのをためらわなかったのである。

第五節　「記憶」の削除

第四節までで、記憶と知性認識が同じ知性という能力に属することが判明した。しかしこの二つは一つの能力の所有態と現実態という別の秩序付けを有するため、一応アウグスティヌスの第二の三位一体の似像が保たれたとはいえ、安定性のある似像ではありえなかった。そこで第五節では、トマスが第十問題第七項においてついに「記憶」を削除していることを確認する。この『真理論』第十問題前半で彼が「記憶」を削除する基盤が整ったことから、これがトマス独自の似像論を築く上で大変重要な契機となったことを論証するものである。

すでに第四節で引用したとおり、『真理論』第十問題第三項の主文で、トマスは三位一体の似像を「言葉の発出」ではなく「思惟の発出」と捉え、また「愛の発出」ではなく「意志の発出」と捉えていた。これを同問題第七項の主文において語られた自己自身が認識の対象であるときの類比による似像と比べてみると、次のようになる。

［三位一体の表現は］自己自身を認識する精神がその言葉を生じ、またその両方から愛が発出するかぎり存在する。このように、自己自身を語る父は永遠からその言を生み出し、その両方から聖霊が発出するのである。(35)

第三項で「思惟の発出」であったものが、ここで初めて「言葉の発出」に、そして「意志の発出」が「愛の発出」に変わっていることが、明白に読み取れる。第三項では、「記憶・知性認識・意志」を現実態として捉え、「発出」という捉え方までしているにもかかわらず、三位一体の神における「言と愛の発出」との類似にまでは至らなかった。しかし第七項では、似像が「思惟と意志」の発出として捉えられていたものから、「言葉と愛」の発出という、「思惟と意志」に生み出された結果へと中心が移っている。そして、ここでようやく似像を三位一体の神における「言と愛の発出」との類似として捉えることになる。これは明らかにトマスが次に引用するアウグスティヌスの『三位一体論』第十五巻から読み取ったものである。

私達が知っているものを語るとき、そこから思惟の志向によって形成される人間の知解は、いかなる国語にも属さない心の言葉（verbum cordis）であり、勿論、遥かに隔たってはいるが、子とのある種の類似を持つのである。知識から発出し、そして記憶と知解を結合し、いわば親と子に共通な、しかし親でも子でもない人間の愛も、はなはだしく等しからずとはいえ、この似像において聖霊とのある種の類似を持っている。(36)

すなわち、トマスは第七項で、自己自身を認識する精神が自己を思惟しそれを言葉として発出することを、三位一体の神の父が自己自身を語り言を生み出すことと対比している。また、自己の精神と言葉の両方から愛が発出することを、父と言の両方から聖霊が発出することと対比しているのである。つまり、似像を「三能力」として捉えるスコラの伝統を打ち破り、我々の自己認識における「言葉と愛の発出」を、神のペルソナ的二つの発出の似像として捉えるようになったことが確認されたのである。これはトマスの似像論にとって特筆すべきことである。

その中でも、本書は第三項で「記憶が所有態的知をもたらすのに応じて」となっていたところが、第七項では「自己自身を認識する精神が」と変わっていることに特に注目したい。トマスは第三項では「記憶」を三位一体の似像を形成するものの一つとして残していたが、第七項では「記憶」という言葉がすでに削除されているのである。

さらに、『神学大全』第一部第九十三問題第七項において、我々の精神に三位一体の似像が見出されるのは、「我々が、その有する知に基づきつつ、現実に思惟するという働きによって内的言葉を形成し、またここから愛へとほとばしり出るという、そうした活動においてである」[37]と述べられている。似像を「言葉と愛の発出」と捉えることは『真理論』第七項と同様である。しかし、第七項で「言葉と愛」の根源が「記憶」ではなく「自己を認識する精神」となっていたものが、『神学大全』ではさらに「我々の有する知」と変わり、やはり「記憶」が削除されていることに注目したい。

トマスが最終的に「記憶」を似像から削除することになった過程を辿ってみると、第一に、『真理論』第十問題第二項で、アウグスティヌスの「記憶」は「知性の所有態的保持」であることが分かり、知性認識と同じ能力に属するため、「知性」という能力に還元されてしまったことが挙げられる。

第二に、『真理論』第十問題第三項で、「知性と意志の働き」という現実態としての似像が最高であることが判明したため、所有態である「記憶」は似像のレベルが違うため並列できなくなったと考えられる。

第三に、アウグスティヌスにおいて「言葉と愛」の根源であった「記憶」が、トマスにおいて「精神」から「知」へと変遷していることが挙げられる。すなわち、「我々の有する知」とは、自己が認識の対象であるとき「自己の知」であり、神が対象であるとき「神の知」ということになる。自己の存在あるいは神の存在の所有態的認識は外部から取り入れるのではなく、その本質から流れてくる知であるため[38]、「記憶」という言葉を使う必要がなくなったものと推察される。

いずれにせよ、『真理論』第十問題第七項で「記憶」が削除されて以来、『神学大全』においても、「神の似像」として「記憶」は二度と出てこなくなるのである。

トマスが「記憶」を削除し、またペトルス・ロンバルドゥスによって誤って紹介されたアウグスティヌスの能力としての「記憶・知解・意志」から、「言葉と愛」の発出へとトマスの似像が移行したのは『真理論』第十問題第二項、第三項でのアリストテレスの霊魂論的分析に負うところが非常に大きい。『神学大全』の似像という文脈においては、これらの分析はまったくと言ってよいほど出てこなくなる。

最終的には、精神において「言葉と愛」が発出するとき「神の似像」が最も表現されるのではあるが、人間にあっては常に現実態であることはありえない。それゆえ、それらの根源である能力においても、似像が存在することをトマスは認めている。すなわち、「神の似像」は、「言葉と愛」の根源である「知性と意志」という神の知性的本性を写しだす二つの能力としても、すべての人に永続的に存在することになる。

神の似像が人間のうちに観られる仕方には三つある。すなわち、一つには、人間が神を知性認識し愛するということへの自然本性的な適性（aptitudo naturalis）を持つものであるかぎりにおいてである。(39)

このように神の似像は、人間の霊魂の本質に根ざしているものであるため、創造の瞬間よりすべての人間は「神の似像」を持っており、霊魂は根本的に永遠の真理と善に参与すべく神へと向かっている。それゆえ、トマスは『真理論』全体の前半を真理に向かう知性に、後半を善に向かう意志に割り当て、似像の完成を目指していると言えるであろう。最終的には『神学大全』において完成するトマスの似像論ではあるが、この『真理論』第十問題前半で彼が「記憶」を削除する基盤が整ったことから、これがトマス独自の似像論を築く上で大変重要な契機となったことが明白になったのである。

第六節　「類比」と「同形化」による類似

第二章第五節までに、トマスが人間の「精神」及び「記憶・知性認識・意志」を、アリストテレスの霊魂論をもって分析し、それぞれの存在論的立場を明らかにし、さらに精神および三能力の規定を基にアウグスティヌスの「三位一体の似像」の分析を行ったことを検証してきた。その過程をとおして、トマスは、アウグスティヌスが似像を表現している、と言うもののうちの一つである「記憶」を一能力としては捉えられなくなり、それを削除していることを確認した。そしてトマスは第十問題の中程にあたる第七項において、「類比（analogia）の類似」と「同形化（conformatio）の類似」という彼独自の似像論を展開することになる。

第七項には「精神において三位一体の似像が存在するのは質料的なものを認識することによるのか、それとも永遠のものを認識することによるのか(40)」という題がつけられている。そしてトマスはその主文において、まず初めに「類似（similitude）」と「似像（imago）」の差異を明確にしている。

トマスは「類似は似像の根拠を完成する。しかし、すべての類似が似像に対して十分なものとして見出されるわけではない(41)」と述べている。「類似」は「似像」にとってなくてはならないものではあるが、「類似」なら何であろうと「似像」であると言うのではない。それゆえに、「類似」の方が「似像」よりも広い範囲を含むことになる。それならば、「似像」を限定付けているものは何であろうか。『真理論』においてはあまり明確な「似像」の定義は見当たらないが、それらしいものとしては、「その類似によって、何らかのもののがその［範型の］形象（species）の根拠に基づいて表現された最高の類似[42]がその定義に当たるものと言えるであろう。「範型の形象の根拠に基づいて」ということは、つまり似像をそのものたらしめている形象が、範型のものと類似している必要があるということである。さらに、「似像」というのは範型の形象との類似が最もよく表現されたものと言える。

「それゆえ身体的なものの似像においては、類似は形象の固有なしるしである形による方が、色やその他の付帯的なものによるよりも注目される[43]」とトマスは述べている。それは、たとえ色が同じであろうと、茶色の猫と茶色の犬とでは、形象の固有なしるしである形が違うため、決して猫は犬の似像であるとは言われないのと同様である。それゆえ神の似像が見出されるのは、範型である神の形象、すなわち知性的本性という形象を最高に表現している精神においてのみなのである。

『真理論』においては、「類似」と「似像」の差異についてこのように簡単にしか述べられていない。しかしこれらの差異がより分かりやすく述べられている『神学大全』第一部第九十三問題第九項の主文を参照してみると、トマスの考えはあまり変化していないことが分かる。ただ『神学大全』においては、「類似」の「似像」に対する関係を二様に分類しているのである。すなわち、第一に、「類似」が「似像」に先行（praeambulum）するものとして、より多くのものに存在する限り似像と区別される。「似像が本来知性的本性の諸々の固有性に即して看られるものであるのに対して、類似はこうした固有性よりも更にもっと一般共通的なものに即して看られる[44]」と述べられている。それゆえ『真理論』と同様に、「類似」の方が「似像」より範囲が広いことになる。人間の精神が神の似像に向けて（ad imaginem Dei）造られている[45]のに対し、人間のそれ以外のもの、つまり魂の中でも下位の諸部分や、さらには身体そのものに属するものは類似に向けて（ad similitudinem）造られていると言う者がいる[46]、とトマスが言うのはこのような意味からである。

第二に、「類似」は「似像」に後続するもの（subsequens）として、それが「似像」の表現（expressio）や完全性（perfectio）を意味する限りにおいて、「似像」と区別される。すなわち、我々が、何らかのものの似像が範型を完全にあるいは不完全に表現しているのに従って、その範型に似ている（similis）とか似ていない（non similis）とか言うのと同様である[47]。これは二つのものを比べてみた後に、どの程度似ているか、あるいは似ていないかを表現する場合に用いるものである。以下で述べるように『真理論』第十問題第七項に関して言えば、「類比」の類似と「同形化」の類似に従って似像の度合いを比較している場合にあてはめられる。

アウグスティヌスが『三位一体論』第十一巻第二章において示している通り、三位一体の「類似」は様々な認識の段階において見られるが、トマスは人間精神の中でも特別な条件を満たした認識の場合にのみ三位一体の「似像」が見出されるとしている。そして、対象の区別によって人間の認識が分類されることから、トマスは『真理論』第十問題第七項の主文において、三種類の対象に従ってそれらの認識を分析している。この場合、「類比」と「同形化」という非常に重要な言葉を使って類似を分析しているため、『真理論』のその箇所に入る前に、まずこれらの言葉の意味を確認する必要がある。『神学大全』第一部第十三問題第五項で「類比」について、第十六問題第八項で「同形化」について論じられているので、これらの項を手がかりに、二つの言葉の意味を確認しておくことにする。

「類比（analogia）[48]」とは「多くのものが或る一つのものに対して（plura ad unum）対比（proportio）を有することに基く」場合と、「二つのもののうちの一方が他方に対して（unum ad unum）対比を有している」場合があると言われている。そして、神と被造物とについて類比的に語られるときは後者に当てはまる。「そこに或る秩序づけ、つまり被造物の根源（principium）、原因（causa）としての神—そこにおいて諸々の事物のあらゆる完全性が卓越的な仕方で先在しているところの、原因としての神—への秩序づけが存在している限りにおいてのみ語られるのである」[49]。すなわち、神と被造物の類比が語られるときには、被造物が根源あるいは原因としての神に対して秩序正しい対比、言い換えれば比例性を持っていることになる。それゆえ「類比」による類似は、写し出された似像と範型の間に存在する比例として語られ、似像における各部分相互の比例と、範型における各部分相互の比例との同等性のこととなる。そして、これら二つの間には何らかの差異があるということである。抽象的な例で言えば、類似する二つの三角形がある場合、一方の三角形の角度および辺の長さの比例は、もう一方の三角形の角度および辺の長さの比例と同じではあるが、相対する辺の長さが違うため、相似三角形となり、二つの間には大きさの違いが存在するのと同様である。

他方、「同形化（conformatio）」とは「二つの項のいずれかの変化に基づいて、二通りの仕方で変ずることが可能である」[50]と言われる。ここでは、知性における真理が「知性と事物との合致」において成立する、という文脈において語られている。その変化とは、一つには、事物が同一の状態にあるのに人がそれについて別な見解をとる場合に起こるものであり、もう一つには、見解が同一のままであるのに事物の方が変化する場合に起こるものである。神の知性の場合、そうした変化はありえず、その真理は不変であるが、我々の知性のみが可変的なのである。それゆえ、この場合の「同形化」による類似は前者に当たり、神である範型が我々似像に範型自身へと同化するように働く特別な作用的関係であり、これら二つの間の差異を解消する方向に向かう動きと言える。

トマスはこれらの言葉を使って、『真理論』第十問題第七項の主文で、精神の認識を対象の種類に従って三様に分類している。第一に、精神が時間的なものを認識する場合について吟味を行っている。これはアウグスティヌスが時間的なものの認識である知識（scientia）と、永遠のものの認識である知恵（sapientia）を区別しているのに従っていると考えられる。[51] この認識の場合、神の三位一体が表現された類似は「同形化」によっては見出されない。なぜならば、時間的なもの、すなわち質料的なものは、認識する側の非質料的な精神それ自身よりもさらに神と類似していないからである。精神はその対象の知識によって形づくられるものであるから、時間的なものを認識しても、精神は質料的なものに似たものとなるのみである。そして精神よりもさらに非質料的な神とはますますかけ離れたものとなり、神と同形化されることにはならない。同様に、「類比」によっても神と似たものにされることはない。なぜならば、現実態としての知性認識を霊魂に引き起こす時間的なものは、精神と同じ知性的実体ではなく、精神の本性の外にあるものだからである。それゆえまったく実体の異なる時間的なものを精神が認識しても、造られざる三位一体の実体の同一性（con-substantialitas）は表現されない。すなわち、時間的なものには知性的活動がなく、神の知性的活動である三つのペルソナが一つの実体である、ということがまったく表現されないからである。

第二に、「その認識によって我々の精神が自己自身を認識する場合には、造られざる三位一体の表現が類比によって存在する。それは、自己自身を認識する精神がその言葉を生じ、またその両方から愛が発出する類比という仕方である限り存在する。丁度、自己自身を語る父が、永遠からその言を生み出し、その両方から聖霊が発出するのと同様である[52]」と述べられている。これは自己自身を認識する精神が、「類比」つまり対比という仕方でその言葉を生じ、またその両方から愛が発出する限りにおいて存在するものである。すなわち三位一体の父が自己自身を語り、言を生み出し、その両方から聖霊が発出する構図と比例的に対比されるのである。

第三に、精神が神自身を認識する場合においてこそ、精神自身は神と同形化される（conformatur）ことになる。これは、認識するすべてのものが、知られたものによって同化される（assimilatur）のと同様である。この場合は同じ知性的実体である神が精神における知識の直接的対象であり、精神は自己の範型である三位一体の神へと同化されることになる。これについては第三章第一節の三、「神の記憶」において詳しく検討するつもりである。

以上、「同形化」と「類比」という言葉を手がかりに、精神の対象による似像の存在を考察してきたが、次にこの「同形化」と「類比」の関係に考察を移す。精神が神を認識することにより、神と似た者へと形づくられていく「同形化による類似」は、神の三位一体の似像としての精神自身を認識する「類比による類似」よりも、造られざる三位一体の類似をよりよく表現するものと言える。なぜならば被造物の内では最高の精神ではあるが、創造主と被造物との間の比例には無限の隔たりがあり、精神と神との類比的関係を考察しても、不明瞭にしか範型は見えてこないからである。そして、かえってその差異の大きさに驚嘆することになるであろう。トマスは、その結果精神は神の似像としての自己の考察に留まるのではなく、絶えず神へと発出することになる、と述べている。[53] 彼はここで「発出（processio）」という言葉を使っているが、神の似像としての自己の精神を考察することに飽きたらず、さらにその範型なる神を考察し、模倣するべく神に向かって発出する、という意味で使っていると考えられる。そうして、ますます神と同じ形のものへと形成されて行く（conformatur）ことになる。それゆえ、「類比の類似」は精神を「同形化の類似」へと導き、そこで完成に至るのである。したがって、三位一体の似像は本来「同形化の類似」によって成り立つものであり、「類比の類似」は精神を神との合致へと導く限りにおいて、間接的に寄与することになる。「それゆえ、本来三位一体の似像が精神に存在するのは、第一に、また主に（primo et principaliter ）神を認識することによる。しかし、何らかの仕方で二次的に精神自身を認識することにもよる。特に精神自身を神の似像として考えることにより、似像が精神に存在する。・・・他方、時間的なものを考察しても、似像は見出されず、むしろ痕跡（vestigium）と関わりうる何らかの三位一体の類似が見出される」[54]とトマスは結論づけている。

要約すれば、神の似像は「同形化による類似」の内に最もよく表現されていることになる。なぜならば、認識する者はその認識されるもの、すなわち神と同じ形のものとなるからである。しかし「類比による類似」においても、間接的ではあるが神の似像が表現される。それは、自己の精神の内に神の似像を認め、そこから発出して範型なる神を知性認識し、愛する限りにおいて、精神は神へと同化されるからである。それゆえ「類比による類似」は「同形化による類似」へと引き上げられ、完成されることになる。

トマスは『命題集註解』では「記憶・知性認識・意志」の中に五つの特徴を認めていた。すなわち、「区別、同等性、実体の同一性、秩序、現実的模倣（actualis imitatio）」[55]であり、全体として静的な特徴の中で、「現実的模倣」として最後に語られていたものだけが、動的側面を有していた。それが『真理論』において「発出」としての似像という、さらに動的、現実態的な神への上昇として語られるようになった。

トマスのこの考えはまったく新しいものではなく、アウグスティヌスにおいても見られるものである。アウグスティヌスは「この精神の三一性は、精神が自己を記憶し、知解し、愛するゆえに、神の似像であるのではなく、自己を造られたお方を精神が記憶し、知解し、愛し得るゆえに、神の似像なのである」[56]と述べ、また「形象（species）によるすべての知は、それが知るものに似ている。・・・私たちは神を知る限り神に類似しているのだ。しかし、私たちは神に等しくあるほどに類似しているのではない。神御自身が御自身を知るほどに神を知るのではないから[57]」である、と述べている。ここではある意味で精神はすでに三位一体の神の「類比による似像」として捉えられ、さらにその神へと同化されうるという形を取っている。

それゆえサリヴァンは「類比」と「同形化」の類似の区別はアウグスティヌスの『三位一体論』の影響を強く受けていると述べている。また彼は、特に『命題集註解』にこの区別がまったくないことから、『命題集註解』を執筆後、『真理論』までに、トマスが、ペトルス・ロンバルドゥスの『命題集』に要約されている以上のことをアウグスティヌスの『三位一体論』から直接読み取ったに違いないと言う[58]。マリー・ドミニク・チェヌも同じ意見であり、『真理論』にはトマスによるアウグスティヌスの深い読み取りがあると述べている[59]。

一方メリエールは、アウグスティヌスの鋭い洞察は確かにトマスの体系化の源泉にはなっているが、トマスのこの区別にはボナヴェントゥーラの『命題集註解』とのパラレルがより明確に見られると指摘している[60]。実際、ボナヴェントゥーラも神の似像の存在を探究するために認識の対象を三つに分類している。すなわち、まず外的な対象の場合、神の痕跡としての類似のみが見られ、次に、自己の精神が対象である場合、神の似像が存在するとしている。そして最後に、神が精神の能力の対象である場合、第一にそして主に（primo et principaliter）似像が存在すると述べている[61]。「痕跡」と言う言葉や“primo et principaliter”と言うまったく同じ副詞を使っていることも注目されるが、ボナヴェントゥーラもまた同形性（conformitas）が似像の存在には必要であると断言しているのである。彼は精神の能力を直接神に向けた時、神への同化が完成されるが、精神が自己を神の似像として認め、それを通して範型である神を見る限りにおいて、自己の精神が対象であるときも、似像は留まると言う。というのも、似像すなわち自己の精神への同化は、似像の範型への同化を伴うものだからである。(62)「類比」という言葉は使われていないが、トマスの第二段階、すなわち精神を対象としたときの似像の存在は、ボナヴェントゥーラのものに酷似している。トマスの第二段階、すなわち精神による類似を強調するフランシスコ会の影響をトマスも受けていると言われている。(63)そういう意味では「同形化」

神から出て、神へと還っていくというテーマは、アウグスティヌスにとってもトマスにとっても基本的なものであり、特に『神学大全』においてその傾向が強く読み取れる。また「同形化による類似」は似像の完成であり、最も重要な類似であることにまったく疑問の余地はないと考えられる。しかし、トマスの類比による三位一体の神の似像である「言葉と愛の発出」という考えはボナヴェントゥーラにはまったく見られない。したがって、メリエールの言うように、ボナヴェントゥーラが似像の分類に影響を与えたことは認められるとしても、トマスが「言葉と愛の発出」を基に似像論を展開していることを考慮に入れれば、発出に即した似像のヒントを与えたアウグスティヌスの影響の方がはるかに強いものと考えられる。それゆえ、ドゥ・ブールクイーユのように、アウグスティヌスがトマスによって重要視されなくなった、と捉える説は何としても受け入れられないのである。

現実態としての知性と意志の働きは、最も神の似像を写し出すのではあるが、精神が常に現実態として働いているわけではないことから、そのような働きが出てくる能力という可能態においても、またそれらが保持されている所有態においても、神の似像は現に存在していると考えられる。すなわち、創造された瞬間から我々が神の似像であるということは、まだ完成には至らない段階においても、神の似像でありうるのである。神の似像へと向けて(ad imaginem Dei)創造された我々は、不完全な「類比による類似」を持ちつつ、「同形化による類似」をとおして、神との完全な合致である、神の直視（visio Dei）への旅路を歩んで行くべきもの、とトマスは捉えていたのではないだろうか。

結び

『真理論』全体および第十問題は、人間の本性に根ざした霊魂論から始まってはいるが、その構成から見てもアウグスティヌスの『三位一体論』と同じ、神への上昇の形を取っている。鋭い観察力や分析力を持つアリストテレスの霊魂論が分析の道具として使われているとはいえ、同問題は「神の似像」としての人間の精神を追究しているのであり、明らかに神学的論文である。

トマスは同問題第一項において、人間の精神を定義付けし、確固たる存在論的立場を与えている。精神は知性と同様に使われることもあり、質料的条件を含まないすべての知性的レベルに属するもののことである。精神を似像の能力の総体として取れば、諸能力を統括する「能力的全体」となる。また、精神は各能力がそこから自然に流れ出す限りにおいて、霊魂の本質とも言える、とトマスはアウグスティヌスを弁護している。

第二項では、トマスはアウグスティヌスの記憶がアリストテレスの感覚的記憶と異なることから、それを過去・現在・未来を超越した知性的レベルに位置づけた。そして、アリストテレスの霊魂論に基づき、アウグスティヌスの記憶が「知性の所有態的保持」であることを突き止めている。

第三項では、以上の知性的記憶の分析を基に、トマスは知性的認識には現実態的な知性認識と所有態的な知性認識の二種類があることを導き出した。そして、アウグスティヌスの三位一体の似像にも可能態・所有態・現実態という三段階のものがあり、現実態として知性と意志が働いているとき、最も似像が写し出され、これをトマスは「完全な模倣」と呼ぶ。しかし、知性が完全に働かないとき、所有態的な似像が存在し、彼はそれを「不完全な模倣」と呼ぶ。これが、アウグスティヌスの第一の似像である「精神・知・愛」に当たる。また「知性・意志」という可能態においても低位の似像が存在することをトマスは認めている。

しかし、第七項においては所有態的認識である記憶が知性認識と同じ知性という能力に属するため、トマスは発出の根源として「記憶」を削除し、精神からの「言葉と愛の発出」として、現実態的な似像を最も完全な似像として捉えるようになる。

さらに、同項において、トマスは精神の認識を対象の種類によって分類し、対象が時間的なものの場合、似像は全く存在せず、対象が精神の場合、「類比による類似」が存在する、と言う。われわれの精神が自己を認識し言葉を発出することと、自己を愛し愛を発出することが、三位一体の神の子と聖霊のペルソナ的「言と愛の発出」を類比的に表現するからである。また対象が神である場合、「同形化による類似」が存在する。認識する者が認識されるものによって同化されるように、ますます神に似る者となるからである。「類比による類似」は「同形化による類似」へと引き上げられ、精神は範型である神へと発出し、ついには神との一致という完成に至ることになる。それゆえ、三位一体の似像が精神に存在するのは、第一にそして主に神を認識することによる。また二次的に精神を認識することによる、とトマスは結んでいる。

トマスはこの『真理論』第十問題において、中世をとおして定着していたアウグスティヌスの第二の似像規定である「記憶・知性認識・意志」のうち、「記憶」を分析した結果、「知性の所有態的保持」であることが判明したため、似像から削除した。したがって、『真理論』第十問題は、トマスの似像が「言葉と愛の発出」としての動的なものへと移行する非常に重要な契機となった問題と言えるであろう。

次の第三章第一節では、トマスが神の似像から削除した「記憶」について論じることにする。特に二の「自己の記憶」に関しては「類比による類似」との関連において、三の「神の記憶」に関しては「同形化による類似」と関連させて考察することにする。

（1） *De Ver.* q.10, a.1, prol.: "Quaestio est de mente in qua est imago Trinitatis."
（2） cf. D.J. Merriell, op. cit., p.101.
（3） cf. M. -J. de Beaurecueil, op. cit., [1], p.72.
（4） cf. ibid..
（5） *De Ver.* q.10, a.6, resp.; cf. Aristoteles, *De Anima*, III, 7, (432a, 6ff.)
（6） loc. cit., ad 6.
（7） loc. cit., a.1, resp..
（8） I *Sent.* d.3, q.5, sol..
（9） *De Ver.*, q.10, a.1, s.c.1; cf. Augustinus, *De Trinit.*, XII, 2, 3, 4, 12.
（10） loc. cit., resp..
（11） ibid..
（12） loc. cit., ad 7: トマスは、ここでは記憶も能力と捉えているようである。
（13） cf. Augustinus, *De Trinit.*, IX, 2, 2.

（14）cf. Aelred Squire, O.P., “The Doctrine of the Image in the ‘De Veritate’ of St. Thomas”, *Dominican Studies*, vol.4, 1951, p.169.

（15）cf. A. Squire, op. cit., p.170.

（16）cf. Ambroise Gardeil, “Le ‘Mens’-D’après S. Augustin et S. Thomas d’Aquin”, *Revue des Sciences Philosophiques et Théologiques*, 13 Année, Paris, 1924, p.160.

（17）第二章第三節から第五節までは拙論、「トマスの『真理論』におけるImago Dei—記憶の分析を中心に—」（『思索』第三二号、一九九九年、東北大学哲学研究会発行に所収）を改訂したものである。

（18）cf. Aristoteles, *De Memoria et Reminiscentia*, I, 449 b 24.

（19）cf. loc. cit., 449 b 30.

（20）ibid..

（21）cf. *De Ver.*, q.10, a.2, resp..

（22）cf. ibid..

（23）“habitus”は“habere（持つ）”という動詞に由来するため、所有している状態を表す「所有態」と訳した。

（24）cf. Avicenna, *De Anima*, V, 6（26r）. アヴィケンナは、この可知的形象は想像あるいは感覚的記憶に保持されると言う。

（25）Aristoteles, *De Anima*, III, 4, 429 a 27-28.

（26）cf. M. -J. de Beaurecueil, op. cit., 45-82, [1], p.65.

（27）Augustinus, op. cit., X, 12, 19.

（28）トマスは『真理論』において、初めは「知性認識（intelligentia）」を伝統に従って能力と捉えているが、分析していくうちにそれが働きであることが分かり、「知性（intellectus）」が能力であることを理解するようになる。

（29）*De Ver.*, q.10, a.3, resp..

（30）Augustinus, op. cit., XIV, 7, 10.

（31）cf. *De Ver.*, q.10, a.3, resp.; Augustinus, op. cit., IX, 4, 8.

（32）cf. loc. cit., a.1, resp..

(33) loc. cit., a.3, resp..
(34) cf. ibid..
(35) *De Ver.*, q.10, a.7, resp..
(36) Augustinus, op. cit., XV, 23, 43; cf. op. cit., XV, 10, 19.
(37) *S. T.*, I, q.93, a.7, c.. 本書第三章第三節を参照。
(38) cf. *De Ver.*, q.10, a.8, resp.; op. cit., a.7, ad 2. 第三章で述べるとおり、アウグスティヌスは「自己の知」を「自己の記憶」、また「神の知」を「神の記憶」と呼んでいた。他方、トマスは「自己の記憶」を「霊魂の本質が自己に現前すること」、また「神の記憶」を「神が精神に現前すること」と読み替えている。
(39) *S. T.*, I, q.93, a.4, c.. これは、第一の最も低位の似像として挙げられているものであり、第二に、所有態および現実態として人間が神を認識し、愛しているが不完全な仕方である場合、恩寵的な同形性（conformitas gratiae）が、第三に、人間が完全な仕方で神を現実態として認識し、愛する場合、栄光的な類似性（similitudo gloriae）に基づく似像が存在する、とトマスは述べている。
(40) *De Ver.*, q.10, a.7.
(41) loc. cit., resp..
(42) ibid..
(43) ibid..
(44) *S. T.*, I, q.93, a.9, c..
(45) 本書第四章第三節参照。
(46) cf. Augustinus, *Octoginta Trium Quaestio*, ML 40, 33.
(47) cf. *S. T.*, I, q.93, a.9, c..
(48) loc. cit., q.13, a.5, c.. この場合「健康なもの」が、医薬品や食物、また尿に対して言われるようなものである。
(49) ibid.; cf. loc. cit., q.4, a.3, c.. 神と被造物との間に類比による類似性があるといっても、それは「本質的に存在するもの（ens per

essentiam)」と「分有によって存在するもの（ens per participationem）」の間の類比によるものに他ならない、とも言われている。

（50）*S. T.*, I, q.16, a.8, c..

（51）cf. *De Ver.*, q.10, a.7, s.c.1; Augustinus, *De Trinit.*, XII, 15, 25.

（52）loc. cit., resp..

（53）cf. ibid..

（54）ibid..

（55）I *Sent.* d.3, q.4, a.4, sol.

（56）Augustinus, *De Trinit.*, XIV, 12, 15.

（57）op. cit., IX, 11, 16.

（58）cf. J. E. Sullivan, op. cit., p.252.

（59）cf. Marie-Dominique Chenu, *Introduction a l'étude de saint Thomas d'Aquin*, 2nd ed. Montréal: Institute d'Étude Médiévals, Paris: Vrin, 1954, p.47.

（60）cf. D. J. Merriell, op. cit., p.141. メリエールは、ドゥ・ブールクイーユがボナヴェントゥーラの『魂の神への道程（*Itenerarium mentis ad Deum*）』にのみ注目し、同著者の『命題集註解』とのより明らかなパラレルを見落としている、と指摘している。

（61）cf. Bonaventura, I *Sent.*, d.3, p.2, a.1, q.2, resp..

（62）cf. M. -J. de Beaurecueil, op. cit., II, p.46, p.93. ドゥ・ブールクイーユは、これらの区別はアリストテレスの霊魂論と相容れるが、ディオニシウスのものとは相容れない、と言う。トマスの似像論を神から流出して神へと帰還するというディオニシウス的展望をもって眺めるドゥ・ブールクイーユにとって「同形化による類似」が最も重要であることは理解できる。また彼は、「類比による類似」は人間の精神の存在を規定し、その客観的学問的研究に寄与しているが、似像論にとっては一段階にすぎない、と見ているようである。

（63）cf. D. J. Merriell, op. cit., p.141.

第三章　言葉と愛の発出の根源(1)

第一節　記憶の問題

本書第二章第三節ですでに見たように、トマスは「[アウグスティヌスの]記憶は霊魂の知性作用の部分に存在する所有態的保持(retentio habitualis)である(2)」と規定している。しかし、この規定だけでアウグスティヌスが語る「記憶」のすべてが説明されうるのであろうか、という疑問も残る。彼の重要な「自己の記憶(memoria sui)」や「神の記憶(memoria Dei)」をトマスはどのように解釈したのであろうか。本節ではトマスによるこれらの「記憶」の解釈に焦点を絞り論じることにする。

アウグスティヌスの「記憶」には様々な分類方法があるであろうが、「神の似像」という枠組みの中で捉えようとすれば、やはり本書の第二章第六節で検討した精神の認識の対象と同じ分類方法が適切であるように思われる。すなわち、「時間的なものの記憶」、「自己の記憶」そして「神の記憶」のことである。したがって、最初に簡単に「時間的なものの記憶」について、次いで「自己の記憶」について、そして最後に「神の記憶」について詳しく検討することにする。

一　時間的なものの記憶

「時間的なものの記憶」は第二章第三節で取り扱ったが、簡単にまとめてみると、次のようになる。すなわち、能動知性が、可感的な対象から人間の感覚をとおして入ってきた表象像を抽象し、可知的形象にしたものを、可能的知性が現実態として知性認識する。あるいは、感覚の補助なしに入ってきた表象像についても、能動知性が可知的形象にしたものを可能的知性は同じように受け取ることができる。そしてその可知的形象を可能的知性が所有態として保持していることが「時間的なものの記憶」であると言うことができるであろう。それゆえ、知性認識と記憶の違いは可能的知性が可知的形象によって現実態として働いているか、すなわち知性認識しているか、それとも可知的形象を所有態として保持しているかの違いということになる(3)。この場合、記憶はあくまで知性認識の後に起こる知性の保持であり、記憶は一つの能力（potentia）ではなく、知性という能力の一つの状態であり、それが所有態（habitus）に他ならない(4)。この状態から完全な現実態（actus）に可能的知性を変えるのが意志ということになる(5)。

しかし、人間が時間的なものを記憶しても、知性認識しても、またそれを愛しても、実体がまったく異なる神の三位一体の似像を表現することにはならない。

二　自己の記憶

「自己の記憶（memoria sui）」というのは、アウグスティヌスが「精神自身は他の或るものを思惟していて精神自身（自己）を思惟していなくとも、自己を記憶し、知解し、愛する」[6]、と述べていることに由来する。思惟の対象ではなくとも、自己を記憶するということは自己意識であり、外的対象によるのではないゆえに、時間的なものの場合のように捉えることはできない。我々は自己を所有態的には知っている（se nosse）が、常に現実態として思惟しているわけではない（non se cogitare）のである[7]。それゆえ「自己の記憶」であるこの持続的“se nosse”というのは精神の根源的体験と言えるであろう。そしてそこから“se cogitare”、すなわち対象として自己を思惟しつつ、対象であり主体である自己に還帰することによって自己に現前するもの（praesentem se）としての認識が出てくるのである[8]。

この「自己の記憶」については「所有態的な自己認識」として第五章で詳しく検討するため、ここでは概観するに留めておく。トマスはこの問題を『真理論』第十問題第八項において取り扱っている。彼はこの主文の中で霊魂の自己認識を存在、すなわち自己が存在するかどうかに関する認識と、何性、すなわち自己が何であるかに関する認識の二つに分けている。トマスは後者の場合、霊魂は「形象によって」認識すると述べているが[9]、アウグスティヌスの「自己の記憶」はこの前者、つまり霊魂が自己の存在を認識する場合に該当するものと思われる。

また、この自己の存在の認識に関しても、トマスは現実態的な認識と所有態的な認識に分けている。霊魂はその働きによって自己の存在を知性認識するに至る、とトマスは述べている。しかし、この現実態としての自己認識はアウグスティヌスの本来的な「記憶」ではなく、むしろ現実態としての自己の思惟（se cogitare）に属するものと考えられる。

したがって、後者の自己の存在の所有態的な認識こそがアウグスティヌスの「自己の記憶」に当たるものと言えるであろう。トマスは「霊魂はその本質によって自己を見る。すなわちその本質が自己に現前していること自体から、霊魂は自己自身の認識の働きへと出てくること(exire)ができる[10]」と述べている。霊魂は自己の存在やその中で起きていることを認識するために、何らかの習慣を必要としない[11]。むしろ精神に現前する霊魂の本質だけで十分であると言う。というのも、本質が精神に現前しているだけで霊魂そのものが現実態として知覚される働きが生じるからである、とトマスは説明している。

自己の存在の所有態としての認識は、時間的なものの場合のように、外的な対象から感覚を使って自己に取り入れることも、習慣も必要としない。この認識は本人が意識しようと意識しまいと霊魂の本質自体が自己にすでに現前しているから存在するのである。これをアウグスティヌスは、すでにどこかで知っている自己を覚えているというような意味で「自己の記憶」と呼んでいたのであろう。トマスはそれに「霊魂の本質の自己への現前」という存在論的な位置づけを与えた。さらに、神の似像としての自己、すなわち自己の「何性」を現実態として認識することによって我々は三位一体の神の似像を類比的に表現することになると主張する。

三　神の記憶

アウグスティヌスが、「私があなたを知って以来、あなたは私の記憶の中に留まり給い、私があなたを思い出してあなたを楽しむとき、私はあなたを私の記憶の中に見出す[13]」と言う、その「神の記憶(memoria Dei)」をトマスはどのように解釈したのであろうか。その解釈は、神へと同形化されることによって三位一体の似像になるという、トマスの似像論にとって非常に重要な意味を持つと思われる。精神が真の自己である「神の似像」を認識するには、三位一体の神を観想することにおいてはじめて可能となる。自己の「記憶・知性認識・意志」を越えて、神の「記憶・知性認識・意志」とならなければならない、とアウグスティヌスも述べている[14]。それゆえ、トマスがアウグスティヌスの三位一体の第二の似像である「記憶・知性認識・意志」から「記憶」を削除しようとするとき、彼は「神の記憶」をどのように解釈したのかということは、本書にとっても大いに関心のあるところである。

この「神の記憶」に関して、トマスは『真理論』第十問題第七項の異論解答二で答えている。すなわち彼は、我々の認識の対象が質料的なものの時よりも神である時の方がより優れてペルソナの同等性が見出されるという文脈において、次のように述べている。

というのも神自身自らによって認識されうるし、また愛されうるからである。そしてこのように神が精神に現前するのに応じて、どのような精神によっても神が知性認識され、愛されるのである。精神における神の現前が精神における神自身の記憶である。そしてこのように精神自身について持たれている記憶、知性認識、そして意志あるいは愛が同等にされるのである。……他方、質料的なものは自らに従って知性認識されたり、愛されるのではない。それゆえ……我々によって知性的にされたことから質料的なものは我々の記憶に現前するのであり、このように記憶はむしろ知性認識から生まれるのであって、その反対からではない。神自身に関しては被造的精神においてこの反対が起こる。すなわち神の現前によって精神は知性的光を受け取り、知性認識することができるようになるのである[15]。

トマスは「精神における神の現前が精神における神自身の記憶である」と言明する。神は最高に可知的であり、愛されうるので、精神に現前するだけで、何ものも介さず、つまり、抽象されることもなく、直接知性認識され、また愛される。それゆえ、対象が同じ完全な神であることから、その神の記憶と知性認識および愛は同等化される。また神の記憶、すなわち神の現前から神の知性認識と神への愛（意志）が生まれるのであるから、発出の根源的秩序も三位一体の神の場合と同じことになる。

そして「神の現前によって精神は知性的光を受け取り、知性認識することができるようになる」と言われる。ところがこの「知性的光」に関しては様々な意見がある。

スクワイアーは「神の記憶」は恩寵による神の現前であると言う。すべての被造物に存在という仕方で現前する神は、理性的被造物に認識されるべく、恩寵によって精神に現前すると述べている。[16] すなわち彼はこの「知性的光」を「恩寵の光」と解しているのである。

それに対し、サリヴァンは「神の記憶」は精神に存在を与える神の現前であると言う。すなわち、精神に固有な存在である知性を与えることだと言うのである。それゆえ、ここで言われているのは神の共通の現前であり、霊魂が事象一般を理解することができるように「知性的光」を与えることである、と述べている。[17] すなわちサリヴァンは「知性的光」を「自然の光」と了解しているのである。

それらに対してメリエールは、スクワイアーの意見は誤りであると言い、サリヴァンはこの「知性的光」を似像の能力のレベル、すなわち「記憶・知性認識・意志」の意味で捉えている、と批判している。[18] そしてメリエール自身は、この神の現前は本性的無限性（immensity）の現前に他ならないと述べているのである。その根拠として、彼は「たとえ神が精神に存在しているとしても、可知的形相として常に存在する必要はない。むしろ他の被造物のうちに存在するように、存在を与えるものとして存在するのである[19]」、あるいは「たとえ神の本質が我々の知性に現前していても、栄光の光によって完成されない限り、人がそれを知性認識できる可知的形相としては知性に結びついていないのである[20]」といったトマスのテキストを引用している。そしてトマスが語る「神の現前」は、それによって神が精神および知性と意志という能力を創造し保持するためのものであり、神は決して認識の対象の根拠のうちに（in ratione obiecti）現前しているのではない、とメリエールは主張する[21]。

メリエールは、神の現前が知性認識と意志の根源であるとトマスが語っていることから、ある程度は神が知られ、愛されるようになるための神の現前を意味していることは認めている。しかし、この場合トマスは能力レベルでの似像のことを考えているに違いないと、彼は断言する。なぜならば、トマスは神の現前によって神を知る働きが生じるとは言わずに、むしろ精神は物事を理解することができる知性的光に参与すると言っているからである、とメリエールは解説する。それゆえ彼によれば、人間の本性の中心に知性の神への同形化に基礎を置く神の似像が存在する。そして、これはいずれさらに完全な働きへと導く同形化であるとしても、精神の能力における似像である。したがって、トマスは「類比の類似」なしには「同形化の類似」を好まなかったようである、とメリエールは述べている[22]。

それゆえ、メリエールは非常に不自然な四段階にわたる似像の分類の仕方をしていることになる。彼によれば、「類比」による似像と「同形化」による似像にも二段階あるというのである。第一に、本性レベルでは「精神・知・愛」で表される所有態のレベルでの「類比」による似像と、神の現前による可能態（記憶・知性認識・意志）のレベルでの「同形化」による似像が存在する。第二に、恩寵レベルでも「類比」による似像と「同形化」による似像が存在する。すなわち、メリエールは自己のより高いレベルにおいて信仰の助けを借りて、自己知の反省的な働きから神の知へと同化される「類比」の似像と、最高に完全なレベルにおいて、神の本質が直接現前する神の直視による「同形化」の似像とを分類しているのである[23]。

本書は、メリエールが「類比」と「同形化」による似像をさらに本性的レベルと恩寵的レベルにそれぞれ当てるという二重の複雑なものにしてしまっている原因は「知性的光」を本性的能動知性の光とのみ解したためである、と考える。本書はスクワイアーの意見と同様、この神が現前することにより知性的光が与えられるということには、本性的能動知性が恩寵の光によって照らされ、自然本性を超えて神の本質の一部分をおぼろげに垣間見る可能性があると述べていると[24]、捉えるからである。

その根拠として、第一に、先に見たようにメリエールが自分の説を証明するためにトマスを引用していたもののうちの第一のものは、『真理論』第十問題第十一項「精神はこの世で神を本質によって見ることができるか」において、異論八の論者が「神の本質は精神において可知的なものとして存在するように思われる。それゆえ、我々の精神はこの世で神を本質によって知性認識する」[25]と言っているものに対する解答である。また第二の引用も、同第十一項の異論十一の論者が、我々は常にこの世で神を本質によって見ることができる[26]、と主張しているのに対する解答である。それゆえトマスは、神が常に被造物に現前するのは存在を与えるものとしてであり、可知的形相としてではないことから、常にこの世で神を本質によって知性認識することは不可能であり[27]、また「神の本質を見るのはこの世の終わりに栄光の光による場合だけである」[28]と答えているのである。確かに神を本質によって明らかに見るのは直視（visio Dei）による以外不可能ではあるが、トマスは時に神が恩寵的に理性的被造物に現前することによって、ある程度神の本質を直感的に垣間見ることができることまで否定しているわけではないと考えられる。それゆえ、これらの引用が第七項の異論解答二でトマスが語る「神の現前」に対して当てはめられるのは不適切である。

第三に、上掲引用、第七項異論解答二の前半の「神が精神に現前するのに応じて、どのような精神によっても神が知性認識され、愛されるのである」と比べても、同じ解答において、前半では神の現前による知性認識の対象が神であるのに対し、後半で同じ神の現前による認識の対象が事象一般である、と別の意味に理解するのも不自然である。したがって、後半の知性的光によって認識する対象も神ということになる。メリエールは前半でトマスが言っていることを軽視しすぎ、全体の統一性を見落としているように思われる。

第四に、同異論解答二の後半で、「それら（質料的なもの）に関してはそのような同等性は精神に見出されないし、また同じ根源的秩序も見出されない。・・・我々によって知性的にされたことから質料的なものは我々の記憶に現前するのであり、・・・」と述べられているのは、まさしく質料的な事象一般を対象として認識する場合のことと考えられる。そしてその後に「神自身に関しては被造的精神においてこの反対が起こる。すなわち神の現前によって精神は知性的光を受け取り、知性認識することができるようになるのである」とある。前述の対象が「質料的なものに関しては」に対して、「神自身に関しては」というのが対置されていることは明らかである。それゆえ、「知性認識することができるようになる」の目的語は当然「神自身」ということになる。したがって、前者の対象が質料的事象一般であるのに対して、後者の対象が神自身であると解する方がより自然であると考えられる。

第五に、異論解答二において、トマスは「・・・に応じて・・・である（tantum・・・quantum・・・）」[29]という表現を用いているが、メリエールの言う被造物一般、特に人間一般に知性的存在を与えるという意味での神の遍在という観点から見れば、そのような言葉は不要ということになる。しかし「(神が)精神に現前するのに応じて」ということは、神の現前にも多い、少ないがあるような表現である。それゆえ、恩寵の光による知性の照明がほのめかされているのではないかと考えられる。神の恩寵はまったく無償の賜物(donum gratuitum)[30]であるため、神の自由意志によって、多くも、少なくもなりうる。また、人間の持つ神の受容可能性(capax Dei)によっても、その認識の程度は変わってくることが予想される。確かにこの世においては、人間による神の認識といっても、本質によるものではなく、「何でないか(quid non est)」としてのみであるが、どれだけ神が「そうでないか」を認識すればする程、無限の神の認識に少しでも近づくことになると考えられる。

第六に、『神学大全』第九十三問題第四項の主文で、神の似像が人間のうちに見られる仕方が三つ述べられているが、これらの似像の段階に「神の現前」が大きく関わってくるように思われる。すなわち、第一に、すべての人間が生まれながらにして神を知性認識し、愛する自然本性的な適性(aptitudo naturalis)を持っているという。第二に、人間が、現実態としてあるいは所有態として、神を認識し愛しているが、まだ不完全な仕方の場合、恩寵的な同形性(conformitas gratiae)の似像が存在すると言われる。第三に、人間が完全な仕方で神を現実態として認識し、愛する限りにおいて、栄光的な類似性(similitudo gloriae)に基づく似像が存在すると言われる[31]。

すべての人間が能動知性の光を与えられている限りにおいて、自然本性的な適性を持っていることに議論の余地はない。そして、三番目の栄光的な類似性も、この世においてさしあたり不可能なことであろう。しかし恩寵的な同形性に関しては、この世において十分考えられることであり、これこそが「神の現前によって精神が知性的光を受け取り、知性認識することができるようになる」が意味するところであると考えられる。すなわち、神自身が精神に現前することにより、知性は恩寵の光を受け取り、感覚的経験から入るのではない事物、すなわち自然本性的能力を越えて神のような対象を認識するところまで強められる、と言われている。これをトマスは「知性の照明[32]」と呼んでいるのであり、恩寵の光によって人間の知性は高められ、「神の形のもの（deiformis）」、「神に似たもの（Deo similis）[33]」とされると述べている。しかしこの世においては神の可知的形相が注入されるのではなく、この光の下に（sub quo）神が見られるのであって[34]、神が無媒介的に見られることを損なうものではない。これはまさしく『真理論』第十問題第七項の神への「同形化」と一致するものと思われる。

アウグスティヌスの「神の記憶」をトマスがどう解釈したかという初めの問いに立ち返るとき、また第七項の主題である認識の対象による「神の似像」への同形化を考慮に入れるとき、「知性的光」は認識一般においてだけではなく、神を対象としていることが再確認される。

メリエールが精神の受け取る「知性的光」を自然本性的な能動知性の光に限定しようとするのは、この第十問題が認識論の色彩の濃いものであるためと考えられる。他方、彼自身第十問題は神学的枠組みの中にあると述べていたのであるから、彼の立場に若干の矛盾を感じないわけにはいかない。

第七に、同問題第七項の異論解答八において、「信仰、希望、愛、知恵」などの徳によって似像の諸能力が完成されることが述べられているが、トマスがそれらの超自然的な事柄をこの項で詳しく取り扱うつもりがないのは明らかである。そういう意味で「知性の照明」に関しても、ここでは詳しく論じないが、今後取り上げるつもりであることを暗示しているものと考えられる。したがって、メリエールのように認識の対象を単に事象一般に限定する必要はない。

ここで人間による神の認識についてまとめてみると、一つには、人間の本性的能力のみによる場合、神の存在と神が「何でないか」が認識される。[35]二つ目には、そこに恩寵の光が与えられる場合、神の本質がこの光の下におぼろげに認識される。しかし、神の本質が把握されるのではなく、神はあくまで「知られざる神」であり、「隠れた神」である。三つ目には、精神が栄光の光を受ける場合に、初めて神の本質を直視することになる。そして、これらは前述の『神学大全』第九十三問題第四項の神の似像の分類と一致する。

トマスはアウグスティヌスの「神の記憶」を「精神における神の現前」と読み替えた。そして、『真理論』第十問題第七項の主文の結論で「三位一体の似像が精神に存在するのは第一に、また主に神を認識することによる」と言われていたのは、このように人間の本性的能力の上に神が恩寵として精神に現前し、知性的光を与えるのに応じて、精神が神を認識し「神の形のもの」、「神に似たもの」となることを意味していたものと考えられる。こうして、本性的に「類比の似像」を持っていた人間は神の恩寵によりさらに深く神を知性認識し、愛し、神との「同形化の似像」へと変えられて行くことになる。しかしながら、似像が完成されるのには、栄光の光による神との合一を待たなくてはならないのは言うまでもない。

第二節では、トマスが「記憶」を削除した後、それに代わるものとして言葉と愛の発出の根源をどのように取り扱ったかを検証することにする。

第二節 『対異教徒大全』と『能力論』における発出の根源

第二章までにトマスが『真理論』第十問題第七項においてアウグスティヌスの神の似像の第二の規定である「記憶・知解・意志」から「記憶」を削除したことを見てきた。本節ではその中でも同第十問題第三項において「記憶が所有態的知をもたらすのに応じて」となっていたものが、第七項では「自己を認識する精神が」と変わっていることに特に注目したい。

第十問題第七項で、トマスは「言葉と愛」の発出の根源として「記憶」の代わりに「精神」を割り当てているのである。彼はすでに同問題の第一項で「精神」をすべての能力を総括する「能力的全体（totum potentiale）」と定義している。(36) それゆえ、「言葉と愛」は「能力的全体」からその部分である知性および意志の働きによって発出するものと理解されることになる。ところがこの点に関してトマスは、第三項でアウグスティヌスの第一の三者と第二の三者を比較する場合に、第一の「記憶」と第二の「精神」には関連性が見出されない、と言っている。(37) それゆえ、トマスが「言葉と愛」の根源として割り当てた可能態である「精神」からは、アウグスティヌスの所有態である「記憶」の概念が排除されることになる。

つまりここで強調したいのは、トマスが『真理論』第十問題第七項で、アウグスティヌスにおいて重要であった「記憶」という言葉のみではなく、その概念をも「神の似像」から削除した、ということである。

たとえばメリエールは、第七項において似像が「言葉と愛」の発出に変わり、すでに「記憶・知性認識・意志」という言葉がまったく使われていないことを認めている。ところが彼は、トマスが「記憶・知性認識・意志」に付随する複雑な煩わしさに巻き込まれる必要はないと感じ、むしろ、はるかに明白で直接的な二つの発出の類似に移行する基礎を築いた、とのみ述べている。[38] つまり、彼は似像の移行は認めているが、この移行の根拠を突き詰めて追究してはいないのである。さらに彼は発出の根源が「記憶」から「精神」に変化していることにもまったく注目せず、第三項で「記憶」が残っているため、『真理論』ではトマスはまだ「記憶」を維持している、と述べている。[39]

しかしながら、こうしたメリエールの見解は表面的用語の変化のみに捕われて、トマスの似像理解の本質的側面を見落としていると言わざるをえない。彼のような捉え方では、トマスが似像に言及する前に「記憶」を徹底的に分析していることや、発出の根源が「記憶」から「精神」に変化していることがまったく説明されないからである。

それゆえ、『真理論』の後に書かれた著作において、トマスが「言葉と愛」の発出の根源をどのように捉えているのかを検証する必要がある。トマスの似像を真に理解する重要な鍵がそこにあると思われるからである。そこで、この第二節では『対異教徒大全』と『能力論』を対象に、トマスにおける「発出の根源」の捉え方の推移を追ってみることにする。

『対異教徒大全』第四巻第二十六章においてトマスは、三位一体の神におけるペルソナの秩序は外的なものではなく、三つのペルソナの根源のうちに留まる内的発出であるため、知性と意志の発出のうちにのみ見出される、と述べている。言い換えれば、子は知性という仕方によって言として、また聖霊は意志という仕方によって愛として、父性と不出生（innascibilitas）のゆえに他から発出しないペルソナ（una persona non procedens）である父から発出するというのである。つまり、「言と愛」の発出の根源である父が「発出しないペルソナ」として捉えられているわけである。

次に、トマスが人間の精神における発出をどのように捉えているのかを考察する。

このように、精神においては三つのものが見出される。その本性において存在している発出の根源である精神自身、そして知性において懐抱された（concepta）精神、また意志において愛された精神である。(40)

精神自身は自己を現実態として知性認識することから、その言葉を自己のうちに懐抱する。他方、精神は自己を愛するかぎり、愛されるものとして意志のうちに自己を生み出す。ここではトマスは精神を中心に発出を捉えていることが判明する。『真理論』第十問題第七項と同様、発出の根源は「精神」となっているが、知性によって懐抱されたもの、つまり知性認識の対象も「精神」であり、意志の対象も「精神」なのである。

ところで、すでに述べたようにトマスは『真理論』において似像を、認識の対象が自己であるときの「類比による類似（similitudo analogiae）」と、対象が神であるときの「同形化による類似（similitudo conformationis）」とに区別している。(41)ところが、知性と意志の対象が「精神」のみに限定される場合、トマスは「類比による類似」には触れていることにはなるが、「神の似像」が最もよく表現されるという「同形化による類似」には触れていないことになる。つまり『対異教徒大全』の似像は最高のものではないことになる。

いずれにせよ、『対異教徒大全』においては、二つの発出の根源は『真理論』第十問題第七項と同様に、「記憶」の概念を含まない「精神」に置換されていることが判明する。それゆえ『対異教徒大全』においても、二つの発出の根源としては「記憶」という言葉だけではなく、その概念もが排除されたと考えられる。

さて『能力論』第九問題第九項においても、神における発出は『対異教徒大全』と同様に父は不出生の、他からは発出しないペルソナであり、子と聖霊は言と愛として発出する二つのペルソナとして論じられている。そしてペルソナの類似は、神が自己を知性認識し愛するように、自己を知性認識し愛することができる理性的被造物においてのみ表現される。さらに、理性的被造物が神を知性認識し愛するかぎり、神との対象の同一性によって被造物における類似が現れる、とトマスは述べている。[42] ところが言葉と愛の発出の根源はここでは明確に述べられていない。それゆえ、発出の根源は知性認識し愛する主体である「理性的被造物」と解するより他にはないと考えられる。

『真理論』第十問題第七項および『対異教徒大全』において、あれほど明確に言葉と愛の発出の根源は「精神」であると語られていたものが、『能力論』以降、似像の文脈においては一言も出てこなくなる。ところが、「言葉と愛」の根源を働きの主体である「理性的被造物」と解しても、「精神」よりも範囲が広くなり、アウグスティヌスが根源として捉えている「記憶」の概念はさらに減少することになる。それゆえ、トマスは『能力論』においても「記憶」という言葉のみではなく、その概念までも排除した、と考えられる。

次に、『神学大全』において、最終的に「言葉と愛」の発出の根源がどのように捉えられているのかを検証する。

第三節 『神学大全』における発出の根源

『神学大全』第九十三問題第七項においてトマスは、我々の精神のうちに三位一体の似像が見出されるのは、次のとおりであると述べている。

我々が、その有する知に基づきつつ、現実に思惟するという働きによって内的言葉を形成し、またここから愛へとほとばしり出るという、そうした活動においてなのである。(43)

ここでは「言葉と愛」の発出の根源は「その有する知」へと再度変わっている。しかし「その有する知」というのはアウグスティヌスの「記憶」に保持されていたものであり、その「記憶」というのは『真理論』第七項以降、削除したはずのものである。トマスは「言葉と愛」の発出の根源を求めて「精神」「理性的被造物」と変遷した末、ついに『神学大全』においてアウグスティヌスの「記憶」の概念に戻ってきたのである。にもかかわらず、彼は決して「記憶」という言葉を使おうとはしていない。

というのも、トマスは『神学大全』第一部において「神の似像」の問題に先立ち、知性を扱う第七十九問題第六項、第七項で「記憶」の問題に言及しているからである。トマスによれば「[可能的知性は]可知的形象を受け取るということから、自分の欲するときに働くことができるようになる」。この知性の「所有態における知っている(sciens in habitu)」(44)という状態が、アウグスティヌスの「記憶」に当たると彼は言う。それゆえトマスは、アリストテレスが「記憶」を感覚的部分に措定しているのに対し、「もし記憶が単に形象を保存する力と解されるのであれば、我々は記憶が知性的部分にも存在していると言わなくてはならない(45)」と結論づけている。

さらに第七項に、我々の知性には可能的能力と能動的能力以外の差異はなく、「記憶」が知性とは別の能力ではないことは明らかである、とある。「というのも、〈受け取る〉ということと同様に〈保存する〉ということが受動的能力の特質に属するからである(46)」とトマスは説明する。つまり、可能的知性自体が把捉と保持という二つの機能を持ち、「記憶」という別の能力があるわけではないことが明確にされたのである。これら二つの項から明らかなように、『神学大全』におけるトマスの記憶理解は『真理論』のものと変わっていないと言える。それゆえ、「知性の所有態」と読み替えられた「記憶」は何としても「神の似像」に加えるわけにはいかなかったのである。

ここで明確にしておかなければならないのは、トマスが『真理論』第十問題第七項、『対異教徒大全』および『能力論』において、「記憶」という言葉だけではなく、その概念をも排除していたということである。ところが『神学大全』においては、知性の「所有態的保持（retentio habitualis）」というアウグスティヌスの「記憶」の概念を残し、「記憶」という言葉のみを削除しているのである。

次に、「我々の有する知」とは一体何を指すのかを考察する。知性的実体である我々の認識の対象が自己であるとき「自己の知」であり、対象が神であるとき「神の知」ということになる。これらの「自己の知」あるいは「神の知」とは、換言すれば、アウグスティヌスのいう「自己の記憶」あるいは「神の記憶」に保持されていたものである。これらについては第一節で見たとおり、トマスは『真理論』第十問題において読み替えている。すなわち、「自己の記憶」は「霊魂の本質が自己に現前すること」であり、「神の記憶」は「神が精神に現前すること」と解釈されている。霊魂の本質が自己へと現前することによって霊魂そのものが現実態として認識される働きが生じ（言葉）、また自己への愛が生まれるのであるから、「言葉と愛」の発出の根源は自己に現前する霊魂の本質から流れ出る「自己の知」ということになる。また神が精神へと現前することから神の知性認識（言葉）と神への愛が生まれるのであるから、「言葉と愛」の発出の根源は精神における神の現前から無媒介的に流れ出る「神の知」ということになる。

トマスにおいて、我々が「神の似像」を表現するのは現実態として「言葉と愛」を発出するときであることは、すでに述べたことから明らかである。ところが、我々は常には現実態として「言葉と愛」を発出することができないため、トマスはそれら働きの原理である能力によっても「神の似像」を表現することを認めている。すなわち、「神の似像」は「言葉と愛」を生み出す「知性と意志」という、神の知性的本性を写し出す二つの能力としても、すべての人に永続的に存在することになる。トマスは神の似像が人間のうちに観られる仕方には三つあると考えているが、その中でも最も低位の自然本性的な適性（aptitudo naturalis）[47]がこれに当たるものと考えられる。

このように「神の似像」は霊魂の本質に根ざすものであるがゆえに、創造の瞬間よりすべての人間は「神の似像」を持っており、霊魂は根本的に永遠の真理と善に参与すべく神へと向かっている。それゆえ本性的能力のレベルにおいて似像が語られるとき、「知性と意志」において似像が可能態として表現されるというトマスの見解は十分受け入れられるのである。

結び

トマスは『真理論』第十問題第七項において、アウグスティヌスの「記憶・知性認識・意志」を三能力と捉える『命題集』の伝統を打ち破り、彼の『三位一体論』第十五巻から読み取った「言葉と愛の発出」による似像を採用するようになった。しかし、アウグスティヌスが「言葉と愛」の根源としている「記憶」は、「知性作用の部分における所有態的保持」であることが判明したために、削除せざるをえなかった。

トマスはその二つの発出の根源を求めて、「記憶」の概念を含まない「精神」、そして「理性的被造物」へと変遷したが、最終的には『神学大全』において「我々の有する知」にたどり着く。その「我々の有する知」とは、アウグスティヌスの「記憶」に保持されていたものであり、トマスはその概念を受け継ぎつつも、「記憶」という言葉を決して使おうとはしなかった。

他方、我々の認識の対象が自己であるとき、アウグスティヌスの「言葉と愛」の発出の根源であった「自己の記憶」は「霊魂の本質が自己に現前すること」と読み替えられ、また対象が神であるとき、「神の記憶」と言われていたものは「神が精神に現前すること」と読み替えられた。

したがって三位一体の似像は、第一に、神が精神に現前することにより、そこから流れ出る「神の知」からの「言葉と愛」の発出によって最もよく表現される。第二に、霊魂の本質が自己に現前することにより、その本質から流れ出る「自己の知」からの「言葉と愛」の発出によっても二次的に表現される。そして第三に、理性的被造物が本性的に「知性と意志」を持っていることにおいても、可能態として表現されることが明らかになった。

結論として、トマスはアウグスティヌスの「神の似像」から「記憶」という言葉を削除することによってトマス独自の似像論を確立したと考えられる。

次の第四章ではトマスが『神学大全』において似像を如何に定義付けしているかを見ることにする。

（1）本章は拙論「トマスにおける Imago Dei 概念の発展——記憶論を中心に——」（『中世思想研究』、第四十二号、二〇〇〇年、中世哲学会発行に所収）を改訂したものである。

（2）*De Ver.*, q.10, a.2, resp..

（3）cf. ibid..

（4）cf. loc. cit., q.10, a.3, resp..

（5）cf. loc. cit., a.2, ad 4.

（6）Augustinus, *De Trinit.*, XIV, 7, 9. 括弧は筆者が挿入。

（7）cf. Augustinus, op. cit., X, 12, 19.

（8）中沢宣夫、「聖アウグスティヌスに於けるmemoriaの一考察」、『哲学雑誌』七十巻、七二九号、一九五五年、哲学会編、五十七頁参照。

（9）cf. *De Ver.*, q.10, a.8, resp..

（10）*De Ver.*, q.10, a.8, resp..

（11）"habitus"は状態を表すときは「所有態」と訳した（第二章第三節、註23）が、この場合目的語として使われているため、「習慣」と訳した。

（12）cf. *De Ver.*, q.10, a.8, resp; cf. Augustinus, *De Trinit.*, XIV, 11, 14.

（13）Augustinus, *Confessiones*, X, 24, 35.

（14）cf. *De Trinit.*, XIV, 12, 15.

（15）*De Ver.*, q.10, a.7, ad 2.　傍点は筆者が付与。

（16）cf. Aelred Squire, O.P., op. cit., p.177.

（17）cf. J. E. Sullivan, op. cit., p.257.

（18）cf. D. J. Merriell, op. cit., p.146.

（19）*De Ver.*, q.10, a.11, ad 8.

（20）loc. cit. ad 11.

（21）cf. D. J. Merriell, op. cit., p.146.

（22）cf. ibid.
（23）cf. D. J. Merriell, op. cit., p.147.
（24）歴史的に見て諸聖人が達した領域であると考えられる。
（25）*De Ver.*, q.10, a.11, obj.8.
（26）cf. loc. cit., obj.11.
（27）cf. loc. cit. ad 8.
（28）loc. cit. ad 11.
（29）*De Ver.*, q.10, a.7, ad 2: "et ita（Deus）tantum a mente uniuscujusque intelligitur et amatur, quantum（Deus）menti praesens est;"
（30）cf. *S. T.*, I-II, q.66, a.2, ad 1.
（31）cf. *S. T.*, I, q.93, a.4, resp..
（32）op. cit., q.12, a.5, resp..
（33）ibid..
（34）cf. loc. cit., ad 2.. ピアナ版の読み方による。
（35）本性的能動知性の光も神から来るのではあるが、自然を超えるものではない。
（36）cf. *De Ver.*, q.10, a.1, ad 7.
（37）cf. loc. cit., a.3, resp..
（38）cf. D. J. Merriell, op. cit., p.147.
（39）cf. D. J. Merriell, op. cit., p.240.
（40）*S. C. G.*, IV, 26.
（41）cf. *De Ver.*, q.10, a.7, resp..
（42）cf. Thomas Aquinas, *De Potentia*, q.9, a.9, resp.. 以下 *De Pot.* と略記。
（43）*S. T.*, I, q.93, a.7, c.; cf. Augustinus, *De Trinit.*, XV, 10, 19.

(44) *S. T.*, I, q.79, a.6, c..
(45) ibid..
(46) loc. cit., a.7, c..
(47) *S. T.*, I, q.93, a.4, c.. 第二章第五節、註39参照。

第四章　トマスの『神学大全』における「似像」の定義(1)

第一章で検証したとおり、トマスは『命題集註解』において「似像」の定義を区分に応じて徐々に詳細かつ明確に発展させてきた。すなわち、トマスは最終的にはヒラリウスの「形象」という言葉を中心に、模倣における秩序の関係を補って、似像の存在論的基礎を築いたのである。ところが、トマスは『真理論』においては似像の霊魂論的分析に集中していて「似像」の定義にはあまり触れていない。そこで本章では『命題集註解』における「似像」の定義を踏まえて、トマスの集大成である『神学大全』において「似像」の定義がさらなる発展を遂げることになるのを見極めることにする。

『神学大全』の第一部には「似像」について書かれているところが二箇所ある。そこで、第一節では三位一体が論じられている第三十五問題において、『命題集註解』より受け継がれてきた「似像」が必要不可欠なものに整理されていることを見る。第二節では人間の創造が論じられている第九十三問題前半において本性的な「似像」の定義が一応完成するのを確認し、また後半においてそれがさらに簡潔で動的な定義へと発展するのを検証する。続いて第三節では、第二節との関連において“ad imaginem”という句が「似像にかたどって」と「似像に向けて」(2)という二面性を持っていることを解明する。そして、それには「不完全な似像」として造られた人間が「完全な似像」に向かって完成されていくべきものであるという展望が含意されていることを論じる。

第一節　『神学大全』第一部第三十五問題第一項における「似像」の定義

この項には「似像とは神においてペルソナ（persona）的に語られるものか」という題がついている。それゆえ、これは『命題集』でペトルス・ロンバルドゥスが「似像は時には本質に即して言われる」[3]と語っていたものに対するトマスの解答として捉えられる。すなわち、第一章で述べたとおり、ペトルス・ロンバルドゥスは二つの典拠を挙げ、聖三位一体の神性と人間がかたどって造られた似像、つまり形象は本質的に一つである[4]、と言っているのである。それに対して、トマスは『命題集註解』において「似像」を本来的に言われる「模像」と非本来的に言われる「範型」に区別しているが、神の本質が「似像」と言われるのは「範型」としてのみである、と答えている[5]。ロンバルドゥス自身も『命題集』第二巻第十六区分では「似像」を「模像」と「範型」に区別しているが[6]、第一巻第二十八区分ではまだ二つの区別には言及していない。したがって、トマスはペトルス・ロンバルドゥスの「時には」という言葉を「範型」に限定されるものと分析したのである。

さらに、トマスは『命題集註解』第二巻第十六区分の第一問題第一項ではヒラリウスが似像の定義で使っていた「形象」に加え[7]、ペトルス・ロンバルドゥスの挙げている「本質」も似像の概念に残していた[8]。しかし同じ問題の中でも第二項では「本質」を削除して「形象」のみを挙げている[9]。それゆえ『命題集註解』の時点でも「似像」は本来的には本質的に考察されるべきではない、という考えはトマスの中でほぼ確立していたものと推察される。

そしてさらに『神学大全』において「似像」は本質的にではなくペルソナ的に語られる、つまり神の場合、似像は本来的にはその本質に当てはめられず、ペルソナ間の関係として語られることから、ペルソナ的な名称である、とトマスは明言したものと考えられる[10]。というのも、本質的に考察される場合、特に三位一体の神の一性に重点が置かれることになり、ペルソナの活動を表わす三性が表現されないからである。

その過程でトマスは似像の定義を行っている。

似像という概念には、類似（similitudo）ということが属している。しかしながら、似像と呼ばれるためには、いかなる類似であっても類似でありさえすればよいというわけではなく、そのためには、物事の形象において類似していること、ないしは少なくとも形象の何らかのしるし（signum）において類似していることが必要である。・・・しかし、似像の条件としては、さらに、起源の関係（origo）ということが要求される[11]。

似像の概念に類似が含まれること、しかしそれだけでは十分ではないことはトマスの似像の定義において常に前提となっている。それゆえ、似像は類似の概念をより限定したものと言える。さらに、その類似が「形象またはそのしるし」に基づいている必要がある。『命題集註解』第一巻第二十八区分で「そのものの本性と形象の明らかなそして最も近似したしるし」[12]と言われていたものから「本性」という言葉が削除され、「形象あるいはそのしるし」と簡略化されたことになる。

「形象」には様々な意味が含まれているが、前述のとおり、存在論的な意味で本質と同義であり、正確には類と区別される種と同義ではないと言われているもの[13]、つまり「何性（quidditas）」を表わすものと了解される。「本性」という言葉は固有性や働きの原理として捉えられるのであるが、[14] 形象にはそれをも含んでしまう「何性」を示す的確さがあるものと考えられる。

また同じ「何性」を意味するものであっても、「本質」は三位一体の神の三性、すなわち三つのペルソナの関係を含まず、かえって神の一性を表わすものである。他方、「形象」は一性および三性を共に表現でき、包括的である。その点で、「似像」の定義としては「本質」より「形象」の方がより適切ということになり、トマスは『命題集註解』より続けてヒラリウスの「形象」を採用したものと考えられる。

さらに「起源の関係」が似像の条件には要求される。これは『命題集註解』第二巻第十六区分で似像は本来的に「他のものの模倣へと向かっている」と言われていたものをより簡潔に言い表したものである。つまり、より先なる「範型」からより後なる「似像」が生まれるという秩序のことである。[15]

しかし三位一体を扱う第三十五問題では「起源の関係」はそれ以上のことを示唆している。つまり、似像であるためには他のものから形象あるいは形象のしるしにおいて類似したものとして発出することが要求されるのである。ところが神の場合、発出や起源を含意するのはペルソナ的な名称に他ならない。すなわち、三位一体の神においては第一のペルソナである父から第二のペルソナである子が発出し、また父と子から第三のペルソナである聖霊が発出するという関係が存在するからである。それゆえ「似像」というのはペルソナ的な名称でなければならない、ということが付加されているのである。

こうして『神学大全』第三十五問題第一項では『命題集註解』で詳しく述べられていた「似像」の定義が、必要不可欠なものだけに削られ、より簡潔なものにまとめられた。したがって、その内容は似像が本質的ではなく、ペルソナ的に言われるという面での展開は見られるものの、似像の定義自体においては『命題集註解』に比べて大きな進展は見られないと考えられる。それでも、トマスの「似像」の定義には「形象」がいずれの場合も中心的役割を演じることになるのである。

次に、人間の創造における似像論を扱う第九十三問題について検討する。

第二節　『神学大全』第一部第九十三問題における「似像」の定義

一　第九十三問題第一項、第二項における「似像」の定義

『神学大全』第一部第三十五問題が三位一体論において「似像」を論じているのに対し、第九十三問題には元来「〈神の似像と類似へと造られた〉ものであるかぎりにおける人間の産出の目的ないしは終極について」という長い題がついている。本問題はそれ以前の哲学的人間論に対して、神学的人間論ともいうべきものの中心をなす問題として、人間の産出の究極の目的を取り扱い、これを「神の似像」と規定するものである。それゆえ、主に「神の似像」の意味の解明に中心がおかれている。

第九十三問題第一項には「人間のうちに神の似像が存在するか」という題がついているが、その解答でトマスは次のように述べている。

類似ということは似像という意味のうちに含まれていること、そして、似像は、類似の概念の上に、さらに何ものかを付加するものであること、つまり「他のものに基づいて表出されたもの（ex alio expressa）

であるということ」を付加するものであることが判明する。というのも、imago（似像）という言葉も、それが「他のものの模倣（imitatio）としてつくりなされる（agi）」ものであるということに由来しているからである。[16]

ここでは、すでに述べられてきた類似の概念の上に似像を規定するものとして「他のものに基づいて表出されたもの」ということが付け加えられている。つまり『神学大全』第三十五問題で「起源の関係」と言われていたものである。

しかし、これだけでは似像の定義にはなっていないことが分かる。その類似の規準となる重要なことが含まれていないからである。それは第一項の題が示すとおり、人間のうちに似像が存在するかどうかが論じられているのであって、似像が何であるかという定義にまでは踏み込んでいないためと考えられる。第一項で述べられているものの続きと取れるものが、第二項の解答に見られる。

似像という概念が用いられうるためには・・・形象における類似が存するか、ないしは少なくとも・・・形象の何らか固有の付帯性（aliquid accidens proprium speciei）、特に形態（figura）における、類似の存することが要求される。[17]

似像の概念の条件として必ず要求されるのが形象における類似である。そして例は同じではないが『命題集註解』同様、トマスは王の似像が息子のうちにある場合を挙げ、その理由を王とその息子には本性的にまったく同じ形象が存在するからである、と説明している。

また第三十五問題で「形象の何らかのしるし」と言われていたものが、ここでは「形象の何らか固有の付帯性、特に形態における類似」と、存在論的に言葉がより厳密になっている。そしてトマスは、人間の似像が青銅に刻まれている場合を挙げ、本性的にはまったく異なる形象を持つ人間と青銅ではあるが、特に形態において人間の形象に固有な付帯性を表現していることから、「不完全な似像」ではあるが青銅の像は人間の似像と言われうる、と解説している。

トマスは定義の後で、形象についての類似が見られるのは最終的種差（ultima differentia）に即してである、と述べている。ところで、ものが神に似ているのは、存在し、生きているかぎりではなく、知恵があり、知性認識するかぎりである。この知性的本性を有するものこそ「その類似性において神に最も近いものなのであって、被造物のうちこれ以上神に近いものは何ものも存在しない[18]」とアウグスティヌスが述べているものである。それゆえ「神の似像（imago Dei）」と言われるのは神の「最高の知恵」を模倣することができる知性的被造物においてのみなのである。

ところで、メリエールは、第九十三問題において似像の定義が第一項と第二項にまたがっているのは、同書の第三十五問題ですでに似像を明確に定義したため、改めて定義を正式に述べる必要を感じなかったのではないか、と指摘している[19]。彼の説も受け入れ可能であろう。というのも、確かに用語が厳密になっていることは認められるが、似像理解の上ではほとんど変化はないものと了解されるからである。それはすでに見てきたように、第一に、似像のうちに類似が含まれること、第二に、その類似は形象あるいはその固有の付帯性の表現であること、そして第三に、起源の関係である。

こうして、『神学大全』第九十三問題の初めの二項において、『命題集註解』より引き継がれてきた本性的な似像の定義は一応完成されたと言えるであろう。しかし第五項以降は神の本性だけではなく、ペルソナに関しても考察がなされ、その結果、それまでのものとは違った似像の捉え方がなされるようになる。それを次に確認する。

二　第九十三問題第五項以降における「似像」の定義

『神学大全』第一部第九十三問題第五項において「神の似像は人間のうちに、ペルソナの三性に関するかぎり存在しているのであるか」という問いが検討されている。そしてトマスは「神的本性の模倣（imitatio）であるかぎり神の似像にかたどられた」ということは、「三つのペルソナの表現（repraesentatio）であるかぎり神の似像にかたどられた[20]」ということを排除するものではないと述べている。したがって彼は「人間のうちに神の似像の存するのは、神の本性に関するかぎりであるし、またペルソナの三性に関するかぎりでもある。というのも、神そのものにおいてやはり、一つの本性が三つのペルソナにおいて存在しているからである[21]」と答えている。

三位一体の神そのものにペルソナの発出という活動がある限り、「神的本性の模倣」という言い方だけでは活動そのものである神を模倣していることが表わされない。それゆえ、可能態として（in potentia）言われる神の知性的本性[22]を現実態という側面から（in actu）言い表した「三つのペルソナの表現」ということが付加されたのである。つまり「本性」が能力（potentia）という静的な状態であるのに対して、「表現」は活動（actus）という動的な状態を表わしうるからである。

トマスはこの「表現」という言葉をもって三位一体の神の現実態としてのペルソナの活動を表わそうとしたのである。それゆえこの第五項において注意すべき点は、トマスが神の本性に関しては可能態的な「模倣」という言葉を用い、三つのペルソナに関しては現実態的な「表現」という言葉を用いていることである。

したがって、人間が精神においてのみ神の似像であることが論じられる第六項では、理性的被造物は「神的本性（divina natura）の類似が表現される」という点においても、「被造ならざる三位（Trinitas increata）の類似が表現される」という点においても、ある意味で神の形象を表現するところにまで到達している、とトマスは述べている。[23] つまり前者に関しては、理性的被造物は知性認識するものであるということによって神の本性を模倣している。また後者に関しては、神の三つのペルソナの関係が「言を語る父」からの「言（Verbum）である子」の発出、およびその両者からの「愛（Amor）である聖霊」の発出によって区別されるところから、「知性に即しての言葉（verbum）の発出と意志に即しての愛（amor）の発出が見出される理性的被造物においては、造られざる三位性の形象の或る表現をとおしての似像が語られることができる」[24]のである。神的ペルソナの活動は知性的な「言と愛の発出」という関係上のものであり、主に神の一性を表わす本質的なものではないため、これを模倣するものを語る場合に、本質的には語れないわけである。[25]

ところが第七項においては、第六項で語っていた「神的本性の類似の表現」という言葉はすでに使われなくなり、「形象の何らかの表現」という簡略化された定義で解答が始まっている。そして第六項と同様に、神のペルソナの形象の表現に最も近いものとして「語る者」からの「言葉と愛」の発出が挙げられている。[26]

ところで、我々の魂における言葉（verbum）はアウグスティヌスによれば「(現実的、活動的な）思考なしには存在することのできないものである」[27]と言われている。つまり、音声を伴って発話する以前から、精神においては思考という活動をとおして内的言葉である概念が形成されているということである。それゆえ、三位一体の似像が我々の精神のうちに見出されるのは、第一にそして根源的には活動というかたちにおいてである。すなわち、

我々が、その有する知（notitia）に基づきつつ、現実に思考する（cogitare）という働きによって内的言葉（verbum interius）を形成し、またここから愛（amor）へとほとばしり出るという、そうした活動においてなのである。[28]

三位一体の神のペルソナの発出がまったき現実態にあることから、その形象を表現する人間においても「言葉と愛の発出」という現実態的活動をとおしてこそその似像が最もよく表現されうるのである。それは単に同じ形象を持っているというに留まらず、自己が持っている形象を現実に思考し、自己認識することによって、神において言である子が発出するように、我々も言葉を発出し、またその両者より愛である聖霊が発出するように、我々も愛を発出するのである。この知性と意志の活動的、現実態としての似像こそがトマスの似像論にとって最も重要な似像なのである。そして、トマスはその能動性を「形象の表現」という言葉に込めたものと考えられる。

『命題集註解』では三位一体の似像の区分においてのみ「表現」という言葉が使われているが、人間の創造についての区分では「模倣」という言葉が中心になっていて「表現」という言葉は使われていない。しか

しながら『真理論』第十問題第七項においては三位一体の神との類比（analogia）的な類似にともなって「表現」という言葉が用いられている。つまり、自己自身を認識する精神が現実態として言葉と愛を発出することによって、三位一体のペルソナの関係を類比的に「表現」するのである。これは『命題集註解』において、ペトルス・ロンバルドゥスの伝統を受けた神の似像が「記憶・知性認識・意志」を可能態的能力として静的に捉えられていたのに対し、『真理論』において「言葉と愛の発出」を中心とした現実態的な活動へと変化したため、その影響を強く受けることになったものと考えられる[30]。

したがって、トマスは理性的被造物による神の知性的本性の模倣の上にさらに三位一体との類比的および現実的活動の模倣が加わるとき、「表現」という言葉を意識的に使っているように思われる。すなわち、トマスは「表現」という言葉に現実態・活動という意味を含意させたのである。そして、その背景には必ず「模倣」という言葉が前提になっている。本性的なものはある意味で可能態的あるいは所有態的であり、模倣も比較的静的に捉えられるように思われる。それに比べ「表現」という場合には本性的に具わっているものを再認識し、それを現実態として表現するという知性的、能動的な意味が込められている。トマス自身も「霊魂はものごとを現実に知性認識しさえすれば、その都度、自らのそうした活動を知覚することによって自己自身を知性認識していると言われうるのである[31]」と述べている。それゆえ、ここで重要なことは、範型の形象はすでに本性的に現存しているが、理性的被造物がそれを再認識し、それを現実態として表現することによって、形象が被造物に再び現前することになるということである。したがって、第九十三問題第五項以降においてトマスは似像を主に「形象の表現」という言葉で表わすようになったものと理解される。

トマスが似像をそのように表わすようになった理由として次のようなことが挙げられるであろう。第一に、トマスの「神の似像」の捉え方がより現実態的に変化したことに伴い、「形象の表現」という似像の定義の方が「神の知性的本性の模倣」よりも現実態としての側面がより明確に表わされるからである。第二に、「形象」は第二項の定義と同様に「何性」を指すものと捉えてよいと考えられる。三位一体の神が何であるかを示すためにも十分であり、その本質とペルソナの関係を共に表示するものだからである。第三に、「表現」という言葉には、何らか一つのものに基づいて他のものを写し出すということが意味されているため、類似性も起源の関係も共に含意されるものと理解されるからである。第四に、この定義は神のペルソナのみならず、形象を持つあらゆるもの、つまり質料的なものにも適応されうるからである。したがって、第一項、第二項にまたがった長い定義を反復する必要もなくなったのである。

こうしてトマスの似像の定義は彼の「神の似像」の捉え方の発展に付随して変化してきたものと解される。つまり、本性的、可能態的、静的な似像からよりペルソナ的、現実態的、動的な似像の定義へと発展を遂げたと考えられるのである。

サリヴァンは、『神学大全』の「形象の表現」という似像の定義は整理され簡潔ではあるが、必然的結果として単純化しすぎである、と批判している(32)。しかし、彼はトマスがこの簡潔明瞭な定義に込めた能動的かつダイナミックな側面をまったく見落としていると言わざるをえない。

このような動的な「似像」を表現するものの一つに「神の似像へと（ad imaginem Dei）」という聖書の言葉が挙げられる。そこで、次にこの言葉の意味するところを考察することにする。

第三節　「似像へと」のもつ二面性

『神学大全』第一部第三十五問題第二項異論解答三で、トマスは「神の似像へと造られた」と言われる人間について述べている。そして、彼はものの似像が見出される仕方を二通りに分析しているのである。第一に、形象において本性を同じくするもののうちに見出される場合である。これが神の子の場合に当たり、子は父の「完全な似像」であると言われる。第二に、別の本性のもののうちに見出される場合である。これが人間の場合に当たり、神性とは全く違う人間性を持つ人間は神の「不完全な似像」であると言われる。それゆえ、人間は単に「神の似像」と言われるだけではなく、「似像に向けて（ad imaginem）造られた」と言われるのである。このような表現によって「完全性を志向する者の有する何らかの動き（motus）が示されている[33]」とトマスは付け加えている。

「不完全な似像」ではあるが、人間も神に類似した知性的本性を持つがゆえに、自己の本性を超えてより高い神的本性へと高められうるのである。人間がまったき神になることは不可能ではあるが、その知性的本性は「自然本性的に恩寵を受容しうるもの（capax gratiae）[34]」であり、「神を受容しうるもの（capax Dei）[35]」であるがために、限りなく「完全な似像」へと向かうことが可能なのである[36]。人間の「完全な似像」へと向かうこの「動き」こそが第九十三問題後半のトマスの似像論にとって、キーワードとなる重要なものである。『神学大全』の三位一体を取り扱う第三十五問題においても、後に展開されるトマスのダイナミックな似像の捉え方の萌芽が読み取れると言えるであろう。

またトマスは、第九十三問題第一項において「完全な似像」である子においてのみ、範型との同等性（aequalitas）が見出されると述べている。「完全な似像」においては範型のうちに見出される如何なるものも欠けるところがないからである。

ところが、人間においても神を範型とする何らかの類似が見出されるのは確かであるが、範型は似像を無限に卓越しているので、同等性という意味を持つような類似ではない。それゆえ、「不完全な似像」である人間は範型との同等性に至るように「神の似像に向けて」造られたのである。「すなわちこの“ad”という前置詞は一種の接近（accessus）を表示するものであるが、接近という言葉はしかし隔たったものについてこそふさわしい[37]」とトマスは述べている。彼は第三十五問題においても「動き」が“ad imaginem”には込められていると述べていたが、ここでも完全な範型への「接近」というより方向性の明確な表現で神という完全なるものへの動きが示唆されていることに注目したい。両者とも未だ定義として定着してはいないが、第九十三問題第五項以降に展開されるトマスのダイナミックな似像の定義への兆しとして捉えられる。

トマスは第九十三問題第五項において、人間が「神の似像へと造られた」という言葉には二つの意味があると明言している。第一に、トマスによれば、この“ad”という前置詞は制作の終極を示すものと理解されうる。その意味は「人間のうちに似像が存在するにいたるよう、そのように我々は人間を造ろう[38]」ということになる。造られたばかりの人間はまだ不完全な似像であり、それがいずれ完成されうるということを含意しているように読み取れる。人間は本性的能力としては生まれた瞬間から「似像」を与えられているが、その能力を現実に働かすことにより、また恩寵の助けを得ることにより[39]、完成されるべき人間の終極的な姿が「似像に向けて」には込められているものと解される。この場合、似像は模像が目指すべき目的あるいは終極という意味で使われていると考えられる。

第二に、“ad”という前置詞は範型因（causa exemplaris）を示しうる。この意味にとる場合、「神の似像」は神の本質そのものということになる。(40) しかし、「似像」は本来的には「模像」に言われるのであるから、この場合のように「範型」に当てはめられるのは言葉の濫用であるとトマスは注意を喚起している。範型因として捉える場合、人間は三位一体の神という範型にかたどられてその似像に造られたのであるから、神と類似した形象である知性的本性を有しているのであり、それを現実態として表現していく可能性を秘めたものということになる。

いずれの場合においても、人間は神の似像に「かたどって」造られたのであるから、終極であり、目的であるその完成に「向けて」言葉と愛を発出することになる。すなわち真理そのものである神を知性認識し、また善そのものである神を愛することによって、神へと接近するべきものという非常に動的な理解がなされていることになる。「神の似像」は人間にとってそこから産出された起源であり、そこへと還帰するべき終極なのである。“ad imaginem”という句がこのような動的な二面性を持つという意味においても、トマスが『神学大全』において「似像」を「形象の表現」という動的な定義づけをしたことと符合するのである。

結び

『神学大全』第一部第三十五問題と第九十三問題の前半では「似像」の概念は、『命題集註解』で理性的被造物において「神的本性の類似が模倣される」と言われていたことと根本的にはほぼ同じ内容になっている。つまり、「似像」の概念には類似が含まれるが、それだけでは十分ではなく、似像を規定するものとして「形象」が挙げられている。その「形象」とは、似像という文脈ではそのものの何であるかを示す「何性」を意味するものと考えられる。さらにトマスによれば、「似像」の概念にはより先なる「範型」とより後なる「似像」という模倣における起源の関係が考察されるべきである。

ところが第九十三問題第五項以降では、「造られざる三位の類似が表現される」と、中心が三位一体のペルソナの知性的活動に移っている。すなわち、神の三つのペルソナの関係は「言を語る父」から「言である子」の発出、およびその両者からの「愛である聖霊」の発出によって区別されるのであるが、それに対して知性に即しての「言葉」の発出と意志に即しての「愛」の発出とが見出される理性的被造物においては、神の三位性の「形象の何らかの表現」を通じての似像が語られるのである。それゆえ、「神的本性の模倣」という言葉はすでに使われなくなり、「形象の表現」という簡潔な定義が主流となっている。この「表現」という言葉には、理性的被造物に本性的に具わっている知性的能力を再認識し、それを現実態として表現するという能動的な意味が込められていると考えられる。

さらに、この動的なトマスの似像解釈を支えるものの一つに「似像へと」という聖書の句がある。「完全な神の似像」である子に対し、神の似像にかたどられて産出された人間はその本性ゆえに「不完全な似像」であり、完全なものである神に向かって接近していくべき存在であり、その終極において似像を完成すべきものなのである。それゆえ"ad imaginem"には起源と終極という動的な二面性が含意されていると解される。

こうして、トマスの「似像」の概念は、『神学大全』第九十三問題前半までは『命題集註解』から引き継いできた「神の知性的本性の模倣」として可能態的で静的なものであったが、『神学大全』第九十三問題後半からは「形象の表現」という現実態的で大変動的なものへと発展したと考えられる。

神から出て、また神に還っていくべきものとして人間の姿を捉えているトマスのダイナミックな人間論において「神の似像」はその基調をなすものと言えるであろう。

次の第五章では、「記憶」の問題に関するアウグスティヌスからのトマスの離反の内実をより一層明らかにするために、トマスにおける自己認識の扱いを検討する。

（1）本章は拙論「トマスの『神学大全』における「似像」の定義」（『倫理学年報』、第五十一集、二〇〇二年、日本倫理学会発行に所収）を改訂したものである。
（2）“ad imaginem”が範型を意味する場合は「似像にかたどって」と訳し、模像の終極を意味する場合は「似像に向けて」と訳した。
（3）Petrus Lombardus, op. cit., I, d.28, cap.7 (124).
（4）cf. Fulgentius, *De Fide ad Petrum*, c.1, n.5 (PL 65, 674 D; CCL 91A, 715); Hilarius, *De Trinitate*, V, t.II.
（5）cf. I *Sent.*, d.28, q.2, a.2, sol.
（6）cf. Petrus Lombardus, op. cit., II, d.16, cap.3, 1.
（7）cf. Hilarius, *De Synodis*, 13, col.490, t.II.: “imago est ejus rei ad quam imaginatur, species indifferens.”
（8）cf. II *Sent.*, d.16, q.1, a.1, sol..
（9）cf. loc. cit. a. 2, sol..
（10）cf. *S. T.*, I, q.35, a.1, c..
（11）ibid..
（12）I *Sent.*, d.28, q.2, a.1, sol..
（13）cf. Deferrari, Roy J. & Sr. Barry, M. Inviolata, *A Lexicon of St. Thomas Aquinas*, Rinsen Book Co., Kyoto, 1985, p1041.
（14）cf. Deferrari, Roy J. & Sr. Barry, M. Inviolata, op. cit., pp.377, 720.

(15) cf. I *Sent.*, d.28, q.2, a.1, sol..
(16) *S. T.*, I, q.93, a.1, c..
(17) loc. cit., a.2, c..
(18) Augustinus, *Octoginta Trium Quaestio*, q.51（ML 40, 32).
(19) cf. D. J. Merriell, op. cit., p.173.
(20) cf. *S. T.*, I, q.93, a.5, c..
(21) ibid..
(22) 完全現実態である神に可能態などないことは言うまでもない。「可能態としての本性」という言い方は人間の側から見た場合の便宜上の表現である。
(23) cf. *S. T.*, I, q.93, a.6, c..
(24) ibid..
(25) cf. loc. cit., q.28, a.2, c.. 神における実在的な関係は超越的なものであり、本質と同一である。ただ、可知性の仕方において異なるだけである。
(26) cf. *S. T.*, I, 93, a.7, c..
(27) Augustinus, *De Trinit*, XIV, 7. 括弧内はトマスの挿入と考えられる。
(28) *S. T.*, I, q.93, a.7, c..
(29) cf. *De Ver.*, q.10, a.7, resp..
(30) 本書第二章第四節参照。
(31) *S. T.*, I, q.93, a.7, ad 4.
(32) J. E. Sullivan, op. cit., p.242.
(33) *S. T.*, I, q.35, a.2, ad 3.
(34) cf. *S. T.*, I-II, q.113, a.10, c..

(35) cf. op. cit., q.5, a.1, c.: "capax visionis divinae esssentiae".

(36) 稲垣良典、『神学的言語の研究』、創文社、二〇〇〇年、一一三頁参照。

(37) *S. T.*, I, q.93, a.1, c..

(38) loc. cit., a.5, ad 4: "Faciamus hominem taliter, ut sit in eo imago."

(39) cf. loc. cit., a.4, c..

(40) cf. loc. cit., a.5, ad 4. ヒラリウスによれば、神の本質が「似像」と呼ばれるのは、この本質に即しつつ一つのペルソナが他のペルソナを模倣していることによる、とトマスは付け加えている。

第五章　自己認識の問題[1]

第三章でアウグスティヌスの「自己の記憶」がトマスによって「霊魂の本質が自己に現前すること」と読み替えられ、そこから自己認識が生じてくることを検証した。本章ではトマスがこの自己認識をどのように捉えているのかを立ち入って検討することにする。

トマスは『真理論』において「現実態的な自己認識（cognitio actualis sui）」と並んでこのアウグスティヌスの「記憶」を思い起こさせる「所有態的な自己認識（cognitio habitualis sui）」を認めている。ところが、『神学大全』ではこの所有態的な自己認識は影を潜め、現実態的な認識のみが取り上げられている。

この変化をどう読み解けばよいのであろうか。トマスは『真理論』第十問題第二項においてアウグスティヌスの「記憶」を分析し、「記憶」が人間の一能力ではなく、知性の「所有態的保持（retentio habitualis）」であることを突き止めている。[2] それゆえ、同問題の第八項でも「自己認識」に関して「記憶」という言葉を使わず、「所有態的な認識」という表現を用いている。ところが、『神学大全』においては「所有態的な認識」という言葉すらも出てこなくなる。トマスは、「認識」が現実態においてのみ成立するものであるという観点から、「所有態的な認識」というのはありえない、という考えに至る。

本章は、トマスが『神学大全』において「所有態的な認識」を正規の「認識」として認めなくなったためそれを取り上げなかった、ということを論証しようとするものである。そこでまず、第一節、第二節でトマスの自己認識に関する二つの著作を概観し、第三節でその相違を比較することによって「所有態的な認識」の扱いが上述のように変化した理由を明確にし、第四節でトマスにおける自己認識の全体像を明示することにする。

第一節　『真理論』第十問題第八項における自己認識

最初に、本書第三章第一節の「自己の記憶」で簡単に見たが、トマスが『真理論』において「自己認識」をどのように捉えているのかを再度概観する。トマスは『真理論』第十問題第八項において次のように述べている。すなわち、人間の自己認識には大別して、（一）自己の霊魂が存在しているかどうか（an est anima）を認識する「固有の自己認識」と、（二）霊魂の本性（natura）とは何か（quid est anima）を認識する「共通の自己認識」がある。そして、そのそれぞれがまた二通りに分けられ、（一）の「固有の自己認識」においては、（一—a）「現実態的な認識（cognitio actualis）」と（一—b）「所有態的な認識（cognitio habitualis）」が、（二）の「共通の自己認識」においては、（二—a）「理解（apprehensio）」と（二—b）「判断（judicium）」とが挙げられる。

まず、（一—a）の「現実態的な自己認識」の場合では、霊魂は「その活動によって（per actum suum）」認識される。トマスは「自分が感じ、知性認識し、このような他の生命活動が行われていることを知覚することから、人は自分が霊魂を持っていること、生きていること、そして存在していることを知覚するのである(3)」と述べている。しかし、何らかのものを知性認識することなしに自分が知性認識していることを誰も捉えることはできない。つまり、自己以外のものの認識をとおして我々の知性は初めて現実態となり、その活動をとおして自己が知性認識していることを認識するのである。

他方、（一―b）の「所有態的な自己認識」の場合では、霊魂は「その本質によって（per essentiam suam）」自己を見る。すなわち、「霊魂はその本質が自己に現前している（essentia sua est sibi praesens）ということ自体から自己認識の活動へと進み出る（exeo）ことができるのである」[4]。霊魂にとって、自己が存在することを知覚し、かつ自己の内部で起きていることに注目するうえで何の所有態・習慣（habitus）も必要ではなく、自己に現前する霊魂の本質さえあれば十分である[5]。なぜなら、霊魂自体が実際に知覚される本質から活動が生じてくるからである。

すなわち、トマスは、自己の霊魂が存在しているかどうかを認識する「固有の自己認識」に、現実態としてのものと、所有態としてのものを措定し、その媒介としてそれぞれ「活動」と「本質」という別のものを割り当てているのである。

第二の「共通の自己認識」の場合、霊魂の種的、類的本性が認識されるためには、（二―a）「理解」と（二―b）「判断」が考察されるべきである。（二―a）の「理解」に関するかぎり、人間の精神は自己を直接認識することはできず、他のものの把握をとおして自己を理解することになる。人間の可能的知性（intellectus possibilis）はすべての形相（forma）に対して純粋可能態にあるため、「可知的形象[6]（species intelligibilis）」によって現実態とならなければ、可知的なものとして存在することができないのである[7]。換言すれば、人間の霊魂は感覚において受け取った可感的表象像（phantasmata sensibilia）から、能動知性の光（lumen intellectus agentis）によって、種の本性（natura speciei）を表す「形象（species）」を抽象することによって現実態となる。

このように、人間の霊魂は、ものの普遍的本性を認識することから、それによって我々が認識する「形象」が非質料的であることを知覚する。他方、知性において「可知的形象」は現実態における可知的なものとして非質料的に存在するのであるから、我々の知性も非質料的であることが導出される。こうして、我々は自己の形相が非質料的な知性を有する実体であることを認識するのである。

「共通の自己認識」における(二―b)の「判断」とは、我々が理解したものと事象との同一性(identitas)の肯定あるいは否定である。[8] これに関して、トマスはアウグスティヌスに従い、我々は不可侵の真理(veritas inviolabilis)を観照する限り霊魂の知識を得ることができると述べている。我々は何らかのものを自明な(per se nota)ものとして本性的に認識する限り、自己の精神に刻印されたこの不可侵の真理をその類似(similitudo)のうちに認識する。そして、あらゆるものをこの神的真理に照らして吟味するのである。それゆえ、我々はすべての人間の精神がこうであるというのではなく、永遠の理念によって精神はこうあるべきであると定義する、[9] と言われている。

以上のような『真理論』におけるトマスの「自己認識」を集約すると、次のようになる。アウグスティヌスに倣えば、[10] 我々の精神はある仕方でその本質によって自己自身を所有態として認識する。他方、アリストテレスや[11]アヴェロエスに従えば、[12] 我々はある仕方で観念(intentio)あるいは形象によって自己自身を現実態として認識する。さらにまたアウグスティヌスに従って、[13] 我々はある仕方で不可侵の真理を観照することによって本性的にあるべき姿の自己認識を行う、とトマスは「固有の現実態的認識」と「共通の理解」を一つにまとめて結論づけている。

この『真理論』におけるトマスの説に対して、『神学大全』ではトマスが自己認識をどのように捉えているのかを次に見ることにする。

第二節　『神学大全』第一部第八十七問題における自己認識

トマスは『神学大全』第一部第八十七問題第一項の主文の冒頭において、「何であれ可認識的（cognoscibilis）であるということは可能態にあるからではなく、現実態にあるからである」と述べている。認識に上ってくる何らかのものは現実態にあるからこそ「存在するもの（ens）」であり、「真（verum）」なのだからである。視覚は可能態にある色を知覚するのではなく、現実態にある色のみを知覚する。同様に、人間の知性も質料的なものを対象として認識作用を行うものであるかぎり、現実態にあるものでなければ認識しえない。

人間の知性は、完全に知性認識することができるという意味で完全現実態として可知的（intelligibilis）な神[14]や、完全ではないが現実態として可知的な天使[15]と違い、可能態としてのみ可知的なものの類に属する。それゆえ、人間の知性はそれ自体としては知性認識する力（virtus）を可能的に持っているが、知性自体は現実態となるもの、つまり「形象」によらなければ知性認識されないのである。すなわち、我々の知性は可知性の根拠として現実態にある能動知性の光[16]をとおして、可感的なものから抽象された「形象」によって現実態となり、そこで初めて自己自身を知性認識できるのである。またその可知的な「形象」を媒介として可能的知性は現実態となるのであるから、我々の知性が自己自身を認識するのは「その本質による」のではなく、「その現実態・活動による」、とトマスは明言している。このように、主文の冒頭から「所有態的な認識」という言葉はテキストの中には全く見られないのである。

その上でトマスは『真理論』同様、我々の自己認識の仕方を（一）個別的なものと（二）普遍的なもの[17]の二つに大別している。（一）の「個別的な自己認識」は、個人が、自己が知性認識していることを知覚することによって、知性的な霊魂（anima intellectiva）を持っていることを知覚する場合である。（二）の「普遍的な自己認識」は、知性が現実態にあることから我々が人間精神の何性（quidditas）および本性を考察する場合である。これら二つの認識には相違が存在し、（一）の精神に関する「個別的な認識」を持つためには、それによって精神が自己自身を知覚する活動の原理である「精神の現前自体（praesentia ipsa mentis）」があれば十分である。[18]それゆえ、「人間は自己の現前によって自己を認識する」[19]と言われる。

しかし、（二）の精神に関する「普遍的な認識」を持つためには自己の現前だけでは十分ではなく、入念で正確な探求が要求される。後者の認識における判断や有効性（efficacia）は、すべてのものの理念が含まれる神的真理から我々の能動知性の光が派生することによって、我々に可能となる。トマスは『真理論』と同様に、不可侵の真理を注視することによって我々は自己のあるべき姿を規定すると、アウグスティヌスの言葉を引用している。

ところで、『真理論』と『神学大全』におけるトマスの自己認識の捉え方を比べてみると、明らかな相違が存在する。特に固有あるいは個別的な認識に関して、『真理論』において重要な位置を占めていた霊魂の「所有態的な認識」が『神学大全』では「現実態的な認識」に吸収された形にまとめられ、それ自体としては取り上げられていないのである。

『真理論』と『神学大全』におけるこれらの相違はどのようにして理解されるべきなのであろうか。この点について川添信介は、トマスは『真理論』における「所有態的な認識」を一つの認識様態として許容し、より包括的な考察を行っているのに対して、『神学大全』では「所有態的な認識」を許容してはいるものの限定された考察を行っているためそれを取り上げなかったのではないかと推測し、「現実態的な認識」と共に「所有態的な認識」の分析を行っている。[20] それはトマスが『神学大全』でも「所有態的な認識」を認めているかのような書き方をしているところがあるからであろう。しかし、果たして包括的あるいは限定的考察という枠組みの問題として片づけてよいのであろうか。トマスが「所有態的な認識」を『神学大全』で扱わなくなったことには、さらに明確な理由があるのではないかと考えられる。

そこで、第三節ではトマスの自己認識に関する二つの著作の相違を比べることによって、その理由を明らかにすることにする。

第三節　所有態的な自己認識の問題

本節ではトマスが『神学大全』において「所有態的な認識」を取り上げなかった理由をテキストに即して探求することにする。

トマスは『真理論』において、霊魂の「所有態的な認識」を得るには「自己に現前する霊魂の本質だけで十分である」と述べている。また彼は『神学大全』において、霊魂の個別的な認識を得るためには「精神の現前自体で十分である」と述べている。したがって、一見すると、トマスが『神学大全』においても、霊魂の「所有態的な認識」を認めているかのように受け取れる。しかし、トマスが何ものも現実態にあるのでなければ認識されない、とあれほど明言している以上、実際にそうなのであろうかという疑問が残る。

トマスの『真理論』における「所有態的な自己認識」を詳しく検討してみると、次のようになるであろう。「霊魂はその本質によって自己を見る」[21]。霊魂の本質は知性にとって生得的であるから、精神は表象像から抽象する前に自己の所有態的な知識（notitia）を持っている[22]。それゆえ、霊魂が自己の存在することおよび自己のうちで起こる事柄を知覚するためには、「自己に現前する霊魂の本質だけで十分である」。なぜなら、自己に現前する「所有態的な知識」からそのものの基体となっている自己の認識が生じてくるからである。『真理論』において、トマスは現実態として認識する以前に、精神に現前する「所有態的な知識」を「所有態的な認識」と呼んでいるのである。

次に『神学大全』における自己認識をやや立ち入って検討することにする。第一部第八十七問題第一項の主文で、トマスは我々の知性が自己自身を認識するのは「その本質によらず」に「その活動による」と明言した後に、自己認識の二つの仕方を述べている。したがって、主文の冒頭から自己認識には所有態的なものが含まれていないことになる。

ところが、トマスは今問題にしている精神の「個別的な認識」を説明して、その認識を持つためには「精神が自己自身を知覚する活動の原理である精神の現前自体で十分である」と述べている。すでにここでは「本質の現前」という言葉は使われていないが、それに代わるものとして「精神の現前」という言葉が使われている。『真理論』第十問題第八項に従えば、「本質」において霊魂自体が実際に知覚され、「本質」から活動が生じたが、『神学大全』では活動の原理として「精神」を挙げている。『真理論』第十問題第一項で「精神」は「能力的全体（totum potentiale）」[23]としてすべての能力を統括するものと規定されていた。確かに「本質」は「精神」をも統括する根源ではあるが、自己が認識されるのが現実態においてのみであると言われていることを考えれば、能力の近接的根源として「精神」を持ってくるのは妥当なところであろう。しかし、「精神の現前」を承認したことが直ちに「所有態的な認識」を肯定したことにはならない。

第一に、トマスは『神学大全』第一部第八十七問題第一項反論において、アリストテレスの『霊魂論』第三巻第四章、「知性は自己自身を他のものを認識するのと同じ仕方で認識する」(24)を引用している。知性は他のものをその本質によらずに、その類似によって認識する。それゆえ、同様に自己自身も本質によらずに、その類似つまり「形象」によって認識する。したがって、本質による認識として語られていた「所有態的な認識」が語られる余地がなくなることになる。

第二に、トマスは所有態に関して同第八十七問題第二項において、「我々の知性は霊魂の所有態をその本質によって認識するか」という項目のもとに検討している。そして各異論に対する反論において、トマスは「所有態は能力と同様に活動の原理である」と述べている。ところがアリストテレスの『霊魂論』第二巻第四章には「活動（actus）や働き（operatio）は、概念上（secundum rationem）能力よりも先である」(25)と明示されている。つまり、活動や働きが何であるかが理解されて初めて、それらの原理である能力やその中間にある所有態がそれらによって規定されるからである。それゆえ、「所有態的な知識」もそれ自体は認識活動ではなく、原理はあくまで原理であり、認識活動をとおして知性認識されることになる。

第三に、トマスは同項の主文で次のように述べている。前述のとおり、何ものも現実態にあるのでなければ認識されない。ところが、所有態には完全な現実態が欠けている以上、自己自身によって可認識的であることにも不十分であり、その活動によって認識される必要がある。すなわち、トマスは「所有態的な知識」がまだ可認識的、つまり実際に認識されうる状態には至っていないものとして、正規の「認識」活動とは認めていないのである。

第四に、「所有態の認識（cognitio habitus）」にも個別的なものと普遍的なものがあるが、前者は自己が所有態の固有の活動を行っていることを知覚することによって、所有態を持っていることを知覚する。この場合には、所有態が現前すること自体が「認識」という活動の原因となるのであり、こうした活動において所有態は直ちに知覚されるからである[26]。ところが、所有態は知性の中に現前しているが、それは「対象」としてではなく、認識者がそれによって認識する「傾向（dispositio）」や「形相（forma）」としてである[27]。自己認識の場合も同様であり、精神が自己に現前するとき、そこに保持されている自己の「所有態的な知識」は「認識」自体ではなく、自己の「形相」として受け取られることにより可能的知性を現実化させることになる。それゆえ、「所有態的な認識」と呼ばれていたものは認識としての立場を失うことになる。

要するにトマスは『神学大全』において、「所有態的な認識」というアウグスティヌス的概念を削除しているのである。『神学大全』の枠組では、認識とは定義上、現実態としての認識活動に他ならない。アウグスティヌス的語り方では「所有態的な認識」とされていたものは、もはや認識ではなく、認識の原理にすぎないものとなった。そして「自己の所有態的な認識」とされていたものは、自己という現実態の「形相」として捉え直されることになった。トマスは『神学大全』においても「所有態的な認識」の概念を事実上保持していると川添が考えるのは、彼が『神学大全』におけるこうした概念枠組の変化を見落としているためであろう。

以上のことを踏まえ、正規の「認識」として認められた「現実態的な自己認識」をトマスがどのように捉えているのかを次の節でもう少し立ち入って検討することにする。

第四節　現実態としての自己認識

『神学大全』においてトマスは自己認識には個別的なものと普遍的なものの二つがあると述べていたが、その両方ともが現実態における認識を前提にしていた。第一の「個別的な自己認識」の場合、精神が自己に現前するだけで自己が知性的な霊魂を持っていることを現実態として認識した。その場合『真理論』で自己の「所有態的な認識」と言われていたものは常に現実態としての認識へと上って来るわけではなく、「所有態的な知識」として他のものの知識と同様に知性に保持されることになる。[28] トマスはこの「所有態的な知識」が自己の形相の役目を果たすため第一の「個別的な自己認識」は他のものの認識を必要とせず、反省的かつ自明なものだと述べている。[29] さらに、この「個別的な自己認識」は、後述するが、すべてのものの認識および自己の普遍的認識の前提となるものである。

第二の「普遍的な自己認識」の場合、他のものの「形象」が知性のうちに存在することによって、可能的知性は形相づけられ (informatur)[30]、その「形象」を自らの知性の「付帯的形相 (forma accidentalis)」[31] として受け取り、その同じ「形象」をとおして自己自身が何であるか、つまり自己の「実体的形相 (forma substantialis)」[32] が知性的であることを認識するのである。すなわち、他のものの「形象」は人間知性の「形相」にとって付帯的なものであるが、それによって知性が現実化され、その活動をとおして同じ可知的「形象」を知性認識している自己の本性、つまり「実体的形相」が知性的であることを認識するのである。なぜなら、現実の知性認識においては認識されるものと知性は同一であり、認識されるものから抽象された「形象」が現実態としての知性の「形相」となるからである。[33]

第二の自己認識の場合、上述のように知性が現実態にあることから出発して、人間精神の本性に関する入念で正確な探求が要求される。それゆえ、精神は現前している自己を識別しなければならない。認識の活動だけではなく、それに関わる所有態、意志の活動、さらには感覚を含む欲求能力などについての正確な分析をとおして、それらの基体となっている人間の霊魂そのものの本質の普遍的な認識にまで到達するべきなのである。[34] 存在把握の最も根本的な形態が第一原理であり、能動知性は「存在」「一」といった基本的観念や第一原理を神的真理から「光」のごとくに受け取り、それを道具に同一性の肯定あるいは否定である「判断」を下すのである。[35]

換言すれば、「判断」において知性は主語と述語として二様に把握された本性が基体において同一であることを肯定あるいは否定するのであるが、そのとき知性が注目する基体とは事物の存在そのものに他ならない。知性は二様に把握された本性のこの存在における同一性を主張する。その際、知性が自己の本性把握の活動を徹底的に振り返り、自己の活動の認識から、その原理である知性自身の認識へと反省的に到達することにより、自己還帰は完結される。そして、知性はこれら事物の存在と知性が本性的に一致していること、さらにはこの活動が事物に対して持つ対比関係（proportio）をも認識することになる。すなわち、知性は主体と対象がそれぞれ同じ「存在」をその本質に応じて分有していることを認識するのである。このとき、第一の「個別的な自己認識」によって捉えられた自らの存在が前提となっている。つまり「存在」に対する知性の本性的な一致こそが可知性の原因なのである。

そして、存在を分有する者としての人間知性は、他の同様に存在を分有するものによって充足されるはずはなく、完全な存在である「存在そのもの（ipsum esse）」を要求するのであり、それによってのみ完成されるのである。

我々はこうして「存在そのもの」に到達することによって、「存在」を分有する者として本来あるべき自己の姿を見極め、さらには『創世記』第一章第二十六節による「神の似像（imago Dei）」としての自己を知性認識することになる。『神学大全』においてトマスの「神の似像」が可能態や所有態としてのものよりも現実態としての活動に重きを置くようになったことを鑑みても、[36] トマスが『神学大全』第一部第八十七問題において「所有態的な認識」を削除し、「現実態的な認識」のみを「認識」として理解するようになったこと符合する。

さらに、トマスは自己認識についてアウグスティヌスから多くの洞察を得てはいるが、その分析においてアリストテレスの霊魂論を道具として使っていることは明らかであり、トマスがアリストテレスも同様に重要視するようになったことも否定できないであろう。

したがって、トマスは『神学大全』の自己認識の分析において、『真理論』のものよりも限定された考察を行ったのではなく、『真理論』で扱われていた「所有態的な自己認識」を正規の「認識」としては許容しなくなったということである。彼は「所有態的な自己認識」には個別的な自己認識における「形相」という立場を与え、自己認識全体を現実態という枠組みの中で整理し直した結果、さらに動的な「自己認識」の考察を行ったのである。

結び

我々が所有態として捉えている自己の知識だけでは実際に自己を認識したことにはならない。その所有態的な自己の知識を精神に現前させ、それを形相として自己を現実態的に捉え直すことにより、初めて自己の個別的認識が可能になる。我々はこの第一の「個別的な自己認識」をとおして自己の存在を把握する。また第二の「普遍的な自己認識」において他のものを現実態として認識する際、特に「判断」において、その事物の存在と自己の存在との対比関係を把捉することになる。こうして我々は自己の認識の活動を詳細に振り返り、自己に還帰することによって可知性の原理である「存在そのもの」に到達する。さらに、その存在を分有するものとして、本来あるべき自己の姿を見極めることになるのである。

トマスの人間論が「神の似像」の枠組みの中で把握されるものであるならば[37]、純粋現実態である三位一体の神の「言と愛の発出」に倣う者として[38]、現実態として自己を知性認識し、愛することによって、さらに「神の似像」に近づくことになる。このような本性的な自己認識は間接的、媒介的に神へと導くものであるが、人間として最高の現実態である「神の似像」となるためには、神が精神に現前することによって精神が直接的、無媒介的に神へと導かれる必要がある[39]。

そこで、第六章では「神の似像」としての人間の完成に必要な神の恩寵について論じることにする。

(1) 本章は、拙論「トマスにおける自己認識」(『哲学』第五十七号、二〇〇六年、日本哲学会発行に所収)を改訂したものである。

(2) 本書第二章第三節参照。cf. *S. T.*, I, q.79, a.6, 7.

(3) *De Ver.*, q.10, a.8, c..

(4) ibid..

(5) トマスは、霊魂（anima）を「生命を有する有機体の第一現実態」として、精神（mens）を身体や感覚に対する「知性的能力の総体」として捉えている。

(6) 「可知的（intelligibilis）」という言葉は知性認識することができるという意味であり、この場合は認識の対象に対して使われている。

(7) cf. *De Ver.*, q.10, a.8, c..「可知的」という言葉は、この場合は認識の主体に対して使われている。

(8) cf. *S. T.*, I, q.13, a.12, c.; q.85, a.5, ad 3.

(9) cf. *De Ver.*, q.10, a.8, c.; Augustinus, *De Trinit.*, IX, C.6, 9.

(10) cf. Alcherus Claraevallensis Monachus（Pseudo-Augustinus）, *De Spiritu et Anima*, C.1 (PL40:781) トマスは著者がアウグスティヌスだと言っているが、実際には間違いである。

(11) cf. Aristoteles, *De Anima*, III, 4, 429b9, 430a2.

(12) cf. Averroes, *In De Anima*, III, comm.15, VI2, 159F.

(13) cf. Augustinus, *De Trinit.*, IX, C.6, 9.

(14) cf. *S. T.*, I, q.87, a.1, c.. 神はその本質によって自己自身のみならず、すべてのものを知性認識する。この場合、「可知的」という言葉は認識の主体に対して使われている。

(15) cf. ibid.. 身体を持たない知性的実体である天使は自己自身を本質によって知性認識するが、すべてのものを認識することはできず、自己以外のものはその類似をとおして認識する。

(16) cf. *De Ver.*, q.10, a.8, ad 10.

(17) 『真理論』の「共通の自己認識」が類的種的本性の認識と捉えられているところから、「普遍的な認識」と言い換えたものと思われる。したがって、普遍に対する個別という意味で、「固有の認識」も「個別的な認識」としたものと推察される。

(18) cf. *S. T.*, I, q.87, a.1, c.: "sufficit ipsa mentis praesentia, quae est principium actus ex quo mens percipit seipsam."
(19) ibid..
(20) 川添信介「トマスに於ける人間知性の自己認識」、『中世思想研究』二十四号、一九八二年、中世哲学会、一三七頁。
(21) *De Ver.*, q.10, a.8, c..
(22) cf. loc. cit., a.8, ad 1.
(23) loc. cit., a.1, ad 7; cf. *S. T.*, I, q.76, a.8, c.; q.77, a.1, ad 1.
(24) Aristoteles, *De Anima*, III, C.4, 430a2-3; cf. Thomas, *In De Anima*, III, C.9, 724-726.
(25) Aristoteles, op. cit., II, C.4, 415a16-22; cf. Thomas, op. cit., II, C.6, 304-308.
(26) cf. *S. T.*, I, q.87, a.2, c..
(27) cf. loc. cit., q.87, a.2, ad 3; q.85, a.2, c..「所有態」は二次的には「対象」にも成りうる。
(28) cf. *De Ver.*, q.10, a.8, ad 1; *S. T.*, I, q.79, a.6, 7. 本書第二章第三節参照。
(29) cf. *S. T.*, I, q.87, a.1, ad 1. トマスは「精神は自己自身によって自己自身を知る。つまり、その活動をとおしてとはいえ、精神はその精神自身の認識に至るからである」と述べている。
(30) cf. op. cit., q.85, a.1, ad 4.
(31) cf. op. cit., a.2, c., ad 1, ad 3; q.76, a.4, c..「付帯的形相」は「実体的形相」に付加される。
(32) ibid..
(33) cf. op. cit., q.87, a.1, ad 3; q.85, a.2, c., ad 1, ad 3.
(34) cf. op. cit., q.87, a.1-4.
(35) 稲垣良典、『トマス・アクィナス哲学の研究』、創文社、一九九〇年、一六三頁参照。
(36) cf. *S. T.*, I, q.93, a.7, c.. 本書第四章第二節参照。
(37) *De Ver.*, q.10, prol.: "Quaestio est de mente, in qua est imago Trinitatis."
(38) cf. *S. T.*, I, q.93, a.7, c..

（39）　cf. loc. cit., a.8, c..

第六章　トマスの恩寵論における「ハビトゥス」概念[1]

トマスは人間を「神の似像」と捉えているが、その神の似像の中にも様々な段階があり、人間の自然本性に基づいて成立するものと、人間の自然本性を超えて成立するもの、およびその中間のものがある。第五章までに論じてきた神の似像は、父なる神からの言の発出と、父と子からの愛の発出を写し出す似像であり、主に人間の知性の働きと意志の働きという自然本性に基づいて成立するものであった。しかし、人間は自らの自然本性を超えた神の似像に向けて開かれている。この似像の完成を可能にするのが神の恩寵（gratia）に他ならない。このような視点から、本章ではトマスの恩寵論を考察することにする。

トマスによれば、神の恩寵とは、神の人間に対する愛、および神が人間に無償で授ける賜物である。「無償で」とは、「人間に具わる自然本性的能力や、個々の人間が積んだ功徳（meritum）[2]を超えて、神の意志によって[3]」という意味である。それゆえ、すべての恩寵は「無償の恩寵（gratia gratis data）」と言われる。

恩寵のうちに「成聖の恩寵」と呼ばれるものがある。これは「神によみされた者とする恩寵（gratia gratum faciens）[4]」、すなわち神意に適う者とする恩寵とトマスに呼ばれ、後の研究者により「成聖の恩寵」、つまり「聖化する恩寵（gratia sanctificans）[5]」とも表現されている。この恩寵は洗礼を受けた者に授けられる恩寵で、これを授かった者は神の本性、存在、生命等を分有することになる。それゆえ、人間の自然本性を超えた神の似像の成立にとって大変重要な恩寵の一つである。本章ではこの成聖の恩寵を中心に論じることにする。

『神学大全』第二―一部第百九問題第六項主文においてトマスは成聖の恩寵を「ハビトゥス的（habitualis）恩寵」と呼んでいる。「ハビトゥス（habitus）[7]」とは、アリストテレス哲学の用語、ギリシャ語の「ヘクシス（hexis）[8]」のラテン語訳で状態、所有態、習慣、習性などと訳される。このトマスのハビトゥス概念については第二節で詳しく見ることにする。本章では次の問いを問う。すなわち、トマスは成聖の恩寵が一種のハビトゥスであるとみなしているのか、それとも、ハビトゥスであるとは言えないが、何かハビトゥスのようなもの、あるいはハビトゥスと関わりのあるものとのみ考えていたのか。また、この点についてのトマスの見解は時期によって変わるのか、一貫しているのか。この問いの目的は、これに答えることによって、次の二つのことが期待されるからである。第一に、人間本性を超えた神の似像の成立のために神が与える扶助について、ある重要な側面が明らかになること。第二に、成聖の恩寵の性格付けに関してトマスが辿った思考の跡が明らかになることである。

以下、まず第一節から第三節では、成聖の恩寵とハビトゥス概念との関連づけについてトマスが辿った思考の跡を筆者独自の視点から明らかにする。第一節では、『真理論』等トマスの初期の著作における成聖の恩寵とハビトゥスとの関連づけを、第二節では、『神学大全』に見られるトマスのハビトゥス概念の深化を、第三節では、同著作における成聖の恩寵とハビトゥスとの関連づけを考察する。ついで、第四節、第五節では、トマスが成聖の恩寵をハビトゥスと捉えていたかどうかに関する先行解釈を概観する。まず第四節では否定説を取り上げ、否定説一として、『神学大全』においてトマスは一貫して成聖の恩寵は厳密にはハビトゥスではないと考えていたとする稲垣良典の解釈を、否定説二では、たしかにトマスは『神学大全』においては成聖の恩寵をハビトゥスと呼んでいるが、ただしためらいながらそう呼んでいるとする桑原直己の解釈をそれぞれ検討し、問題点を指摘する。第五節では肯定説を取り上げ、『神学大全』においてトマスは成聖の恩寵をためらいなしにハビトゥスとみなしているとするガリグー・ラグランジュ、岸英司、ジョゼフ・ポール、山田晶らの解釈を紹介、検討する。なお、筆者自身もこの立場を取る。最後の第六節では、人間の自然本性と成聖の恩寵との関係および人間の自然本性を超えた神の似像との関わりにおける成聖の恩寵の位置づけについて考察する。

第一節　『真理論』におけるトマスの恩寵論

トマスは初期の著作である『真理論』において恩寵について次のように述べている。神は人間を創造するに際して、人間とは如何なる者かを表す形相にしたがって人間の内に本性的存在をもたらす。なぜなら本性的形相は本性的存在の原理だからである。すなわち、人間とはかくかくの本性を持つ者として存在を与えられるのである。それと同様に、神は超自然的な形相である恩寵にしたがって人間のうちに無償の霊的存在をもたらす(9)。したがって、人間は神の恩寵により自然本性を超えた霊的存在を持つ者、つまり神的本性を分有する者としての存在を与えられることになる。

「恩寵は、本来的には「ハビトゥス」とは言われえないが、質（qualitas）の第一種(10)に属する。なぜなら、恩寵は直接働きへと秩序づけられるのではなく、霊魂の内に生じる何らかの霊的存在へと秩序づけられるからである。そして、恩寵は究極の恩寵である栄光と関わるいわば「状態（dispositio）」のようなものである(11)」

とトマスは述べている。ここでトマスは初めに、「ハビトゥス」という言葉は本来的に働きに関わるものであるため、霊的存在へと秩序づける恩寵に当てはめるのは本来的ではないと断っている。しかし、恩寵は栄光、すなわち神の本質そのものの顕れへと関わる霊魂の状態であることから、質の第一種に属すると言うのである。また恩寵は霊魂に何らかの霊的存在を与えて、ある種の同化（assimilatio）をとおして「神的本性に参与する者（consors divinae naturae）」[12]とするかぎり、霊魂の本質を完成しつつ、そこに内在する、と言われる。神が人間を自然本性より高いレベルである神的本性に参与する者とするために、恩寵が重要な役目を果たすことが示唆されている。つまり、恩寵は神性が幾分か人間の霊魂に内在することにより、霊魂の本質を完成し、神との一致までも可能にすると言われているのである。

恩寵の区分について、トマスは『真理論』第二十七問題第五項主文において次のように述べている。恩寵は大別すると、無償に与えられる預言、奇跡といった様々な「無償の恩寵（gratia gratis data）」と、我々を神意に適う者とする「成聖の恩寵（gratia gratum faciens）」との二種類に分けられる。つまり『真理論』の時点ではトマスは二つの恩寵を別の恩寵と捉えているようである。そして「成聖の恩寵」はさらに二様に理解される。第一に、神による受け入れそのものを指し、それは神の無償の意志を示す。第二に、人間を形相的に完成し、永遠の命に値する者とするために与えられる賜物を表示する。

第二の被造的賜物、つまり神によって造られ、与えられる賜物の場合、恩寵は単純な一つのハビトゥスであることをトマスは強調している。トマスは、人間は先ず神に受け入れられ、その後にその者の行為が受け入れられるが、恩寵のハビトゥスは霊魂内で各々の働きとの関わりに応じてハビトゥスの多様化が行われることに先立つものとして不分割なまま留まると考えるべきである、と言う。それゆえトマスは、恩寵は我々のうちに存在するハビトゥス的賜物であり、またそれは唯一のものでなければならない、と結論づけている。[13]

換言すれば、トマスは恩寵が働きへと秩序づけられるハビトゥス以前の根幹的ハビトゥスとして不分割なものを想定していたことになる。つまり、トマスは徳のように働きへと関わる各々のハビトゥスのさらなる根源として、本性的で未分化なハビトゥスを念頭に置いていたことになる。しかし、トマスは『真理論』の時点ではアリストテレスのハビトゥスを未だ働きに関わるものとしてのみ捉えていたために、根幹的ハビトゥスである恩寵を働きに関わる徳などと同じ「ハビトゥス」という名称で呼ぶのは本来的ではないと考えていたのであろう。しかしトマスは他に適当な名称が見当たらなかったため、一応「ハビトゥス」と呼ぶことにしたと思われるが、そこにはトマスの迷いが読み取れる。

さらにトマスは『対異教徒大全』において、「成聖の恩寵」を人間にとってある種の形相であり、完全性であり、働いていないときも残るものとして捉えている。[15] 人間が究極目的を達成するに当たり本性的能力以上に善い行為を本性適合的に（connaturaliter）、容易にかつ喜んで行うために、人間の内にある種の完全性とハビトゥスが必要となるが、これが恩寵というわけである。[16]

つまり、トマスは『対異教徒大全』では、恩寵を働いていないときにも残るハビトゥスと明言し、『真理論』のように恩寵がハビトゥスであるかどうかについて疑義を挟んでいないことになる。すなわち、トマスは、『真理論』においてはハビトゥスをアリストテレスの働きとの関連においてのみ解し、直接働きに関わらない恩寵を同じ「ハビトゥス」という名称で呼ぶことにためらいを感じていたと思われる。しかし『対異教徒大全』においては、アリストテレスのヘクシスが働きとの関連において捉えられることを容認しながらも、

「ハビトゥス」という言葉に根幹的ハビトゥスを含意させることにためらいを感じなくなったと考えられる。トマスが『真理論』と『対異教徒大全』との間でアリストテレスのヘクシスを検討し直したのかについては、本章で扱うことはできないが、『神学大全』では明確にそれを行っているので、次節でこの点を検討することにする。

第二節　『神学大全』における「ハビトゥス」の定義

前節で見たように、トマスは『真理論』において恩寵は直接働きに秩序づけられていないため、恩寵を「ハビトゥス」と呼ぶのは本来的ではない、と述べている。他方、『対異教徒大全』においては依然としてハビトゥスを働きとの関わりにおいて捉えながらも、恩寵を一応「ハビトゥス」と呼んでいる。このことは一見矛盾しているようにも受け取れる。そこで『神学大全』を手がかりにこの問題を検討することにする。

トマスは『神学大全』第二―一部第四十九問題において、アリストテレスのヘクシスに再度向かい合い詳しく検討している。同問題第一項主文の冒頭において、トマスは「ハビトゥス」には二つの意味があることを提示している。その一つは、人間あるいは何らかの事物が何ものかを持つこと（aliquid habere）、すなわち「所有」であり、もう一つは、何らかのものが自分自身あるいは他の何ものかに対して何らかの「状態」にあること（aliquo modo se habere）である。今ここで問題にしているのは二つ目の「状態」という意味でのハビトゥスである。

トマスはアリストテレスの『形而上学』第五巻より次のような定義を引用している。

ハビトゥスとはそれによって或る状態づけられたもの（dispositum）がそれ自体においてにせよ、あるいは他のものに対してにせよ、善くもしくは悪しく（bene aut male）状態づけられるところのその状態（dispositio）である。[17]

またトマスは、状態とは「いつでも諸部分を有するものに見いだされる秩序[18]」であるというアリストテレスの定義を取り上げ、場所や能力に基づくもの[19]に続いて、種（species）に基づくものとして完成の域に達した学知や徳のように完全な状態を含むものを挙げ、それらがハビトゥスと呼ばれると述べている。さらに、トマスはアリストテレスの『範疇論』からは「ハビトゥスは変化し難い質である[20]」と、「質の一つの種はハビトゥスと状態（habitus et dispositio）である[21]」という箇所を引用している。したがって、トマスはハビトゥスを質の特定の種と捉え、「事物の本性への関連における基体の様相ならびに確定[22]」として、ハビトゥスと状態を質の第一種と規定している。

さらに、トマスはアリストテレスの『自然学』第七巻から、霊魂と身体のハビトゥスに関して、「［ハビトゥスとは］最善なるものに向けての、完全なるものの或る秩序づけ・状態である。ところで私が完全なるものと呼ぶのは本性に即して秩序づけられたものである[23]」という箇所も引用している。ここでトマスは、アリストテレスが本性に即して秩序づけられたものが最善を目指している状態を「ハビトゥス」と呼んでいること、に注目しているのである。

また同著第二巻からは、「事物の形相そのものならびに本性は終極・目的（finis）であり、それのゆえに何事かがなされるところのものである[24]」を引用し、「質の第一種においては何らかの本性が生成ならびに運動の終極・目的たるかぎりにおいて、善ならびに悪ということも、また変化の難易ということも考察に入っている」[25]ということを導き出している。

したがって、トマスはこれらの分析を通して、『形而上学』第五巻の「［ハビトゥスは］それによって或る状態づけられたものが・・・善くもしくは悪しく状態づけられるところのその状態である」という定義が形成されていったことを読み取ったと考えられる。それゆえ、基体の様相は、本性に適合するかぎり善であり、本性に適合しないものが悪ということになる。さらに、トマスは「変化しがたい」[26]という差異をもってハビトゥスを状態から区別している。

こうして、トマスはアリストテレスのハビトゥスがどのような思考の流れを経て定義づけられてきたのかを分析した。そして『神学大全』第二―一部第四十九問題第三項において、ハビトゥスが単に事物の本性そのものへの秩序関連を含むのみではなく、さらにその帰結として本性の終極・目的（finis naturae）たるかぎりでの作用・働き、もしくは終極・目的へと導くところのものへの秩序関連をも含むことを見出している。

アリストテレスのヘクシスは働きの反復という側面が強調されがちであるが、彼自身『自然学』でヘクシスを一義的には本性との関連において、二義的には終極・目的との関連において捉えていることが確認された。それゆえ、トマスはアリストテレスのヘクシスの定義に詳しい説明を加えて、アリストテレスのヘクシスの順当な解釈を試み、それを自分の定義としたのである。すなわち、トマスは前出のアリストテレスによるハビトゥスの定義[27]の文言「それ自身において」という箇所に「すなわち自らの本性に関して」という文言を挿入し、次いで「他のものとの関連で」という箇所に「すなわち終極・目的への関連において」という文言を挿入し、本性を根源とする働きとの関連において解釈し直して追加説明を入れたのである。

［ハビトゥスとは］それによって秩序づけられているところのものが、それ自身において、すなわち自らの本性に関してか、あるいは他のものとの関連で、すなわち終極・目的への関連において、善くあるいは悪しく秩序づけられるところの状態である。(28)

筆者は前述のとおり、これこそがトマスによるアリストテレスの順当なヘクシス解釈と捉える。したがって、トマスはハビトゥスを付帯的形相（forma accidentalis）として（一）第一かつ自体的に事物の本性そのものへの秩序・関連を含むものと捉えている。そして、その帰結として（二）本性の終極・目的である限りでの作用の働きに関わるものと解していることになる。これはつまり、トマスがアリストテレスのヘクシス（ハビトゥス）を働きとの関連のみではなく本性との関連において捉え直したということであり、こうしてハビトゥスが恩寵にも適用されることになるのである。

この場合、（二）のように、ハビトゥスを働きとの関連において見るならば、ハビトゥスは第一に霊魂(29)のうちに見出される。霊魂が多くの働きへと関連づけられている限り、ハビトゥスはその諸能力を通して諸々の働きの根源として霊魂のうちに見出される。それゆえ、霊魂はハビトゥスの基体となりうるのである。ところが、（一）のように人間的な自然本性との関連において見るならば、ハビトゥスが霊魂のうちに見出されることは不可能である。というのも、霊魂は人間の本性を完成する形相だからである。こうした観点からすれば、何らかのハビトゥスもしくは状態が霊魂のうちに身体への連関において見出されるよりは、むしろ身体のうちに霊魂への関連において見出されることが可能なのである。アリストテレスはこの場合、健康や美といった身体的な本性の状態を考えていたようである。ところが、トマスの語る超自然的な恩寵の場合、アリストテレスのように身体的本性と同じ次元では語れない。そこにはアリストテレスのハビトゥスからの拡大解釈のみならず飛躍が必要なのである。

「ペトロの手紙二」第一章第四節で「あなたがたが・・・神の本性にあずからせていただくようになるためです」と語られる限り、霊魂のうちに霊魂の本質に即して何らかの超自然的なハビトゥスが見出される。「そうしたハビトゥスとは・・・すなわち恩寵のことである」[30]、と述べられていることを受け、ハビトゥスの別の側面が浮かび上がってくる。

それらを明らかにするために、次節では恩寵について論じることにする。

第三節 『神学大全』において「成聖の恩寵」はハビトゥスか

前節で述べたとおり、ハビトゥスを第一に本性との関連で捉えると、ハビトゥスが恩寵にも適用されることになる。トマスによれば、理性的被造物には自然本性的存在の上に、神自身である永遠的善を究極目的として無条件に与えられるという特別の愛を神から授けられている[31]。このように、人間の霊魂はそれが神の似像にかたどって（ad imaginem Dei）造られたがゆえに、恩寵によって自然本性を超えて神を至福として享受すること、またそのための準備として恩寵に対する受容可能性（capax gratiae）を与えられているのである[32]。

トマスは『神学大全』では第二―一部第百十一問題において恩寵の区別について論じている。恩寵は神の無償の意志がもたらす何らかの結果であるため、神から人間に与えられるすべての恵みは「無償の恩寵（gratia gratis data）」と呼ばれる。しかし、トマスは一応これを二つに大別している。第一は「無償の恩寵」

そのものである。これは自然本性の能力および当人の功徳（meritum）を超えて人間に授けられ、他者の義化（justificatio）に協力するために与えられる。[33]

第二は「成聖の恩寵（gratia gratum faciens）」つまり「神意に適う者とする恩寵」である。これは人間を形相因的に（formaliter）神意に適う者とし、それによって当の人間が神に結びつけられるところの恩寵である。[34]すなわち、人間は洗礼によって原罪および自罪が赦され、その固有の本性の上に超自然的な付帯的形相を付与され、神的本性を分有することにより幾分なりとも聖なる者とされるのである。[35]前者は主に神的扶助として、後者は主にハビトゥス的賜物（donum habituale）として授けられる。したがって、「成聖の恩寵」は「無償の恩寵」という本質側面に「神意に適う者とする」――これも恩寵の本質側面に属するが――ということを付加することになる。そのことをなさない無償の恩寵は共通の名称というわけである。つまり、恩寵の二つの区分は「神意に適う者とする」恩寵と「神意に適う者としない」恩寵として対立させられているのである。[36]本章が扱うのは人間の本性およびその存在の在り方に関わる後者の「成聖の恩寵」である。

神の無償の意志によって「無償の恩寵」を付与される者にもたらされる結果は質ではなく、むしろ霊魂の何らかの運動（motus）であるが、「成聖の恩寵」を付与される者には、神によって何らかのハビトゥス的賜物が霊魂に注入される（infundere）。この場合、神が自然的被造物を自然本性的運動へと動かすのみではなく、超自然的な永遠の善の到達へ向けて動かされる者に対してはさらに何らかの超自然的な形相あるいは質を注入されるのである。それゆえ、彼らは本性適合的に（connaturaliter）かつ容易にそれらに即して永遠的善に到達するように、と神によって動かされることになる。この意味では「成聖の恩寵」は何らかの質、それも超自然的な質なのである。[37]

しかし、成聖の恩寵は人間の自然本性を超えるものであるから、実体あるいは実体的形相（forma substantialis）であることは不可能であり、霊魂そのものの付帯的形相（forma accidentalis）[38]である。これら「付帯的なるものの存在（esse accidentis）[39]」はあたかも存在そのもの（ipsum esse）を有するかのようにではなく、むしろそれによって或るものが「かくかくで」あるがゆえに「存在するもの（ens）」と呼ばれる。したがって、それは「存在するものに属するもの（entis）」とも言われる。そして前述のとおり、トマスはこの「付帯的形相」すなわち「成聖の恩寵」を『神学大全』第二―一部第五十問題第二項主文では「ハビトゥス」と呼んでいる。またトマスは「付帯的なるもの」に続けて「新しい存在において確立されるかぎりにおいて[40]」と述べ、この新しい超自然的なハビトゥスが「存在的ハビトゥス（habitus entitativus）」であることを示唆している。

この場合の「ハビトゥス」は「かくかくのもの」としての存在を意味するのであるから、アリストテレスの語る働きに関わるハビトゥスではなく、本性に関わるハビトゥスに近いことは明白である[41]。神においては本性が存在そのものであるため、人間が恩寵によって神的本性の類似を分有する場合も、まずその存在を分有することになる。すなわち、神的本性の分有としての恩寵は人間においてまず存在的ハビトゥスとして内在することになるのである[42]。

本来アリストテレスの本性的ハビトゥスは自然本性のみを対象とし、超自然という概念を全く含んでいなかったのであるが、トマスはその本性的「ハビトゥス」という言葉を拡大解釈し、神的本性の分有という超自然的分野に属する恩寵に適用しても差し支えないと考えるに至ったのである。というのも、本来的なハビトゥスが本性という、「かくかくのもの」としての存在の在り方・状態を規定する言葉と関わりがあり、自然と超自然という相違があるとしても、恩寵という霊的霊魂の存在の在り方・状態を表現するものとして適していたためと考えられる。これはトマスが「ハビトゥス」をもってして自然本性的分野から超自然的分野へと正に飛躍したと言えるであろう。

その場合、成聖の恩寵は諸注入徳の根幹として霊魂の本質を基体とし、諸注入徳に先行する超自然的な付帯的形相として霊魂に付加される。こうして、人間の霊魂は神的本性、つまり神的存在を分有することにより、自然本性を超えてより高い次元の存在の在り方を与えられることになる。すなわち、人間は成聖の恩寵によってまず存在的ハビトゥスとして神的本性を分有することになるのである。

「成聖の恩寵」の場合、恩寵がもたらす結果にはさらに二種類のものがある。つまり、第一に、霊魂を癒し、義とし、あるいは神意に適う者とするかぎりにおいての存在（esse）である。[43] 第二に、自由意志が関わってくる報いに値する業、すなわち功徳の根源であるかぎりにおいての働き（operatio）である。[44]

スコラの伝統においても、成聖の恩寵をハビトゥスと捉え、それを存在的ハビトゥス（habitus entitativus）と作用的ハビトゥス（habitus operativus）とに区別している。前者の存在的ハビトゥスは神的本性を分有しているかどうかという内在的な質であるのに対し、後者の作用的ハビトゥスは働くことができるように能力を与えるばかりではなく、ある種の容易さ（facilitas）を与え、その結果は善い、悪い、あるいはそのどちらでもないということになるであろう。

さらに存在的ハビトゥスにせよ、作用的ハビトゥスにせよ、超自然的なハビトゥスである恩寵は人間が自らの力によって取得できるものではないために、上から注入されるべきである。[45] 聖霊が成聖の恩寵を注入するとき、存在的ハビトゥスは霊魂に超自然的な存在原理すなわち神的本性を付与する。他方、それを根源とする作用的ハビトゥスはその上に超自然的能力を付加する。そして現実態としての恩寵、すなわち無償の恩寵の忠実な協働のもとに功徳を容易に積むことができるようになるのである。

換言すれば、神は人間の自然本性を遙かに超えた神的本性に参与させるために、第一に、自然本性的形相の上に超自然的形相を付与し、神的本性へと同化できるようにより高い次元の存在を与えられる。その高次元の存在が前提となって、第二に、自らその形相に沿って終極目的へと働くことが可能になるのである。それゆえ、「成聖の恩寵」は人間本性およびその存在の在り方に関わるハビトゥスと言えるであろう。これはまさしくアリストテレスの本性に関わるハビトゥスの線上にある考えであり、そこから二次的に働きに関わるハビトゥスが導き出されることになる。トマスはアリストテレスの本性に関わるハビトゥスを読み取ることができて、初めて迷いなく恩寵がハビトゥスであると断言できたものと考えられる。

このハビトゥス的な恩寵の根源は聖霊の派遣[46]であり、内密に働く神性の現存に他ならない[47]。神性が人間の霊魂に現存し、人間が神的存在を幾分か分有することにより、人間のうちに恩寵が注入されることになる[48]。現実に神的本性を分有する存在者であるからこそ超自然的に働くことが可能になるのであって、何かがそれによって現実に存在する現実態（actus）とそれによって現実に働く現実態（actus）とは同じ現実態であるべきであり、その根源も同じハビトゥスとしての恩寵ということになる[49]。すなわち、人間はより高次元の神的本性を分有することにより、神意に適う存在者となる。そしてその存在的ハビトゥスを根幹とし、そこから導き出された作用的ハビトゥスによって神意に適う働き（功徳）を容易に行うことができるようになるのである。

また、我々は分有された神的本性（natura divina participata）を受け取ることに基づいて「神の子[50]」とされる、と言われる。獲得的徳が、理性の自然本性的光と適合しつつ歩むことができるように人間を完成するごとく、注入徳は、恩寵の光と適合しつつ歩むことができるように人間を完成するからである。[51]

したがって、徳の基体が霊魂の諸能力であるならば、徳の根源・根幹である恩寵の基体はそれに先立つ霊魂の本質（essentia animae）ということになる。[52]というのも、人間は信仰の徳を通してその知性的認識能力によって神的認識を分有し、また愛徳の徳を通して意志能力によって神的愛を分有するように、人間は注入徳を通して霊魂の自然本性によって何らかの類似（similitudo）に即して神的本性を分有するからである。そして、それは何らかの再生あるいは再創造（regeneratio sive recreatio）という仕方で行われる。[53]これについては第五節で詳しく述べることにする。

ところで、トマスが成聖の恩寵をハビトゥスと捉えていたかどうかに関して、否定的な説と肯定的な説があるため、ここで先行研究を概観することにする。

第四節　『神学大全』において成聖の恩寵はハビトゥスか――否定説

トマスの語る恩寵は厳密にはハビトゥスではない、あるいはトマスは恩寵がハビトゥスであることに懐疑的であるといった説があるため、次にそれらの説を検討することにする。

否定説一　稲垣良典説

第一に、トマスは『神学大全』第二―一部第百九問題第六項において「人は恩寵の外的扶助なしに自分自身によって自らを恩寵へと準備することができるか」を検討している。第三異論の論者は、もし人が自らを恩寵へと準備するために恩寵を必要とするのであれば、さらにその恩寵の準備のために別の恩寵が必要になり、無際限に進むことになる。それゆえ、人は恩寵なしに自らを恩寵へと準備できる、と述べている。

これに対しトマスは異論解答三で、「この異論はハビトゥス的恩寵（gratia habitualis）について進められているのであり、それのためには何らかの準備が必要なのである。なぜなら、すべての形相は態勢づけられた受容基体（susceptibile dispositum）を必要とするからである。しかし、人間が神によって動かされるということは、それに先だって何か他の発動を必要とするのではない。というのも、神は第一の動者だからである。ここからして、無際限に進む必要はない」と答えている。

稲垣はこの「形相」という言葉に註をつけ、「何らかの習慣的賜物 aliquod donum habituale としての恩寵は、厳密な意味での習慣 habitus ないし徳 virtus ではないが、何らかの質 qualitas であるかぎりにおいて一種の形相とみなされるのである」[54] と解説している。すなわち、ハビトゥス的賜物である成聖の恩寵は厳密な意味で習慣（ハビトゥス）ないし徳ではない、というのが稲垣の意見である。

この場合、稲垣がハビトゥスを「習慣」と訳し、徳と同等に置いているところを見ても、彼はハビトゥスを働きとの関わりにおいてのみ捉えているのであり、トマスのハビトゥスの定義にあった本性との関わり[55]は全く念頭にないように解せる。恩寵、特に「成聖の恩寵」をアリストテレスの働きと関わりのあるハビトゥスではなく、本性的なハビトゥスとして第一義的に解せば、ハビトゥスと呼んでも問題はないと考えられる。稲垣は前述のとおり、トマスが『神学大全』第二―一部第四十九問題第三項主文でアリストテレスのヘクシス概念を分析し、ハビトゥスを第一義的には本性との関連において、また第二義的にその帰結として働きとの関連において規定していることにあまり重きを置いていないように思われる。[56] それは稲垣が主文の「［ハビトゥス］とはそれによって秩序付けられているところのものが・・・善くあるいは悪しく秩序づけられるところの状態である」という定義の翻訳において、「それ自身において」を（すなわち自らの本性に関して）と「あるいは他のものとの関連で」を（すなわち終極・目的への関連において）と括弧に入れ、出典をアリストテレスの『形而上学』とのみしているところからも伺える。筆者はこの括弧内の文言こそがトマスによるアリストテレスのハビトゥス解釈であると捉えるのである。というのも、『神学大全』第二―一部第四十九問題第一項では、アリストテレスのハビトゥスの定義そのものが引用されていて、括弧内の説明がないのに対し、同第三項で初めて稲垣が括弧に入れた（すなわち）以下のトマスによるアリストテレスのハビトゥス解釈が入れられたと考えるからである。

第二に、『神学大全』第二―一部第百十問題第三項において「恩寵は徳と同じか」が問われている。異論三の論者は「恩寵は何らかの質である。・・・恩寵は（質の）第一種、すなわち「性状（習慣）habitus あるいは状態 dispositio」（『カテゴリー論』8 b27）に属する、という結論になる。しかるに、精神の性状・習慣は徳である。・・・それゆえ、恩寵は徳と同じものである。」と述べている。

それに対し、トマスは異論解答三で「恩寵は質（のカテゴリー）の第一の種へと還元される。しかし、それは徳と同じものであるのではなく、むしろ諸々の注入徳の根源および根幹（principium et radix）として、それら注入徳によって前提されている何らかの状態（habitudo）である」[57]と答えている。

稲垣はこの状態（habitudo）に註を付けて、「恩寵は理性的被造物の自然本性を完成するものとして何らかの形相ないし質として理解されるが、厳密な意味での質の（カテゴリーの）第一種（習慣 habitus と状態 dispositio）が自然本性への関連性において理解されるのにたいして、恩寵は神的本性の何らかの分有であり、ここからして「状態」habitudo という関連性を含意する用語が用いられている」[58]と解説している。

確かに人間の自然本性と神的本性を分有した超自然的な人間の形相ないし質とは全く同じものではない。それゆえ、トマスが自然的本性から超自然的形相を区別するため、恩寵に“habitudo”を使ったことも納得できる。しかし、“habitudo”は“habitus”の狭義と同義語である。[59]前述のように、ハビトゥスを第一義的な本性に関わるものとして捉えたとき、両者とも存在の在り方ともいうべき状態（habitudo）の意味合いの強いハビトゥスを意味表示していることは明らかである。

たとえ稲垣がアリストテレスの本性的ハビトゥスを認めているとしても、それは自然本性的分野にのみ留めるべきであり、超自然的分野にまで適用すべきではない、と考えているように受け取れる。それは彼が「厳密な意味での」[60]という言葉を添えているところからも察せられる。彼は自然と超自然の分野で使われている用語を明確に区別しているようである。しかし筆者は、トマスが『神学大全』においてアリストテレスの本性的ヘクシスから飛躍し、超自然の分野にまで拡大解釈し、本性に関わる「ハビトゥス」という同じ語を自然と超自然の両方に適用しても差し支えないと考えるに至ったと推察する。稲垣はハビトゥスをあくまでも自然本性の領域でのみ捉えているので、「恩寵は厳密にはハビトゥスではない」と述べているのではないかと考えられる。

また「成聖の恩寵」が被造物に賜物として与えられるものであることを考慮に入れれば、人間の側から見れば分有された神的本性も、超自然的な自己の付帯的形相であり、ハビトゥスであることに違いはないと考えられる。事実トマスが恩寵は質であり付帯的形相であると言うとき、人間の側から捉えた恩寵について語っているのは明白である。それゆえ、当該箇所でトマスが恩寵に“habitudo”を使っているため恩寵が厳密な意味でハビトゥスではないと結論付けることは性急であると思われる。

第三に稲垣は、スコラの枠にはめて内在する質ないしハビトゥス的なものとしての恩寵を強調するよりは、人間の霊魂を内的に動かす神の意志を強調することによってその超越性を主張しているようである。(61) 彼は、恩寵を内在する質ないしハビトゥス的なものとして捉えることがスコラの枠にはめることと述べて、恩寵を人間の側に付与することによって、神から切り離された賜物として静的に捉えているように解せる。ところが、成聖の恩寵が存在的ハビトゥスであると言われる場合、稲垣はこれをハビトゥスと呼んでいないが、彼の指摘するトマスの存在の形而上学とまさに一致するものである。(62) 神的本性である存在そのものを分有することにより人間はその最も内奥において神と存在的に親密に結ばれ、その上で神の動かしを受け、自ら能動的な働きを行うことができるのである。したがって、これは非常にダイナミックな恩寵の捉え方であり、神の超越性を否定するものではない。

第四に、トマスは一般的に言って恩寵（gratia）には三種あると言い、第一に、あるものの愛、すなわちこの場合では神の愛自体を挙げている。恩寵そのものは神の受け入れであり、神的意志であるから、神の超越的な愛自体を指すのは明白である。第二に、無償で与えられる何らかの賜物、すなわち人間に付与される賜物としての恩寵は人間の側に定立されるものであり、第一のものとは区別されるべきである。そして第三

に、無償で与えられる恩寵に対する返礼、すなわち人間の側からの感謝が挙げられている。(63)

それゆえ、稲垣の語る恩寵の超越性は第一のものに該当し、本章で扱っている「成聖の恩寵」は第二の付与されるべき恩寵として区別されることになる。第一の神の側から語る場合、神は完全現実態であり、ハビトゥスという状態がないのであるから、恩寵がハビトゥスであるというのは不可能である。しかし、第二の人間の側から語る場合、人間にはハビトゥスという状態が存在するのであるから、人間に内在する恩寵をハビトゥスと呼ぶことが可能なのである。つまり、異なる視点から語っているのであるから、一概に恩寵はハビトゥスではないとは言い切れないことになる。神の意志表現は多義的であり、存在として、動かしとして、あるいは賜物として、あらゆる手段を用いて人間を神的本性の分有へと導くのであり、すべて同じ神の愛から出てくるものである。

第五に、第六節で詳しく述べることになるが、人間の霊魂の義化、すなわち原罪によって堕落した人間の自然本性の修復、および神的本性への参与が論じられる場合、あくまでも人間存在の状態が論じられるのであるから、動かしや超越性という概念よりも存在的ハビトゥスという概念なしには説明が困難である。

本書は人間の側に定立される成聖の恩寵に焦点を絞ってトマスのハビトゥス概念の変遷を見てきたが、これもすべて神の意志の動かしの中で起こることであり、神の超越的な意志の重要性を否定するものではない。それゆえ、稲垣が次のように言うことに筆者も同意する。「[トマスは]人間の霊魂を内的に動かす超自然的な神の恩寵的な意志と、人間がそれによって働きをなす内在的な習慣的賜物としての恩寵とを、まさしく一つにしたものと捉える恩寵理解に到達したのである。(64)」

否定説二　桑原直己説

他方、恩寵がハビトゥスであるということに懐疑的な説もある。桑原直己は、「トマスは「賜物としての恩恵」[65]そのものを性向として立てている、とはいうものの、筆者の知る限りではトマスが恩恵を明示的に「性向 habitus」として言及しているのは『神学大全』の中では当該個所（第二─一部第五十問題第二項主文）のみで、恩恵そのものを論ずる『神学大全』第二─一部、第百九問題以降では恩恵は「性向的賜物 donum habituale」という形容詞形が用いられ、明示的に habitus とは呼ばれていない[66]」と述べている。つまり、桑原は一応トマスが恩寵をハビトゥスと呼んでいることを認めてはいるが、恩寵について詳しく述べている箇所では「ハビトゥス的な賜物」と曖昧な表現になっていると主張しているのである。その根拠として、「本来人間的行為の「外的根源」と位置づけられている恩恵を、「内的根源」である性向のカテゴリーで呼ぶことに躊躇いがあったため、と考えられる」と桑原は説明している[67]。

確かにトマスは『真理論』において、恩寵が直接働きに秩序づけられないためにそれをハビトゥスと呼ぶのは本来的ではないと述べていた。しかし、トマスは果たして『神学大全』においても恩寵をハビトゥスと呼ぶことにためらいを感じていたのであろうか。恩寵が神の愛そのものを指す場合もあるため、恩寵全体をハビトゥスと呼ぶことは不適切であろう。しかし、トマスは恩寵を大まかに二種に分類し、神的扶助としての「無償の恩寵」が直接働きにかかわり運動をもたらすものであるのに対し、「成聖の恩寵」は人間的本性を超えた高次の本性（神的本性）へと秩序づける一種のハビトゥスとして言及している[68]。そしてトマスが両者とも重要な恩寵と捉えていることは明白である。

桑原は、完結し閉じられたアリストテレス的本性という観点から、神的扶助としての恩寵を人間的行為の外的根源として、また成聖の恩寵等ハビトゥスのカテゴリーに限り内的根源として捉えているようである。[69]確かに、トマス自身『神学大全』第二―一部第百九問題第一項の序で、「人間的行為の外的根源、すなわち神について・・・」という表現を用いている。しかし外的根源が神であるとは言っているが、恩寵とは言っていない。恩寵とは神の無償の意志であり、賜物でもあり、人間に内在することも可能なものである。したがって、神は自分の存在そのものを分有する人間の内奥で働かれるのであり、本来的な恩寵そのものを外的根源と位置付けること自体が不適切なのではないだろうか。直接運動と結びつく無償の恩寵はむしろ外的根源としての側面があると言えるかもしれないが、それを現実態的恩寵（gratia actualis）として、他方、本性そのものの状態に関わる成聖の恩寵は所有態（ハビトゥス）的恩寵（gratia habitualis）として、人間の側から見た場合同じ恩寵の二つの状態として捉えることは可能であると考えられる。[70]いずれの場合も、神は人間の霊魂の内奥で動かしを与えたり、存在そのものを高次のものへと上げられるのであるから、恩寵全体はむしろ内的根源であるように思われる。特に恩寵がハビトゥスであると言われる場合は「存在的ハビトゥス」として「成聖の恩寵」にのみ関わることが明白である。

さらに、トマスは『真理論』等、初期の段階からこのハビトゥス的恩寵を諸徳の根源・根幹として不分割なものを想定していたのであるから、[71]『神学大全』になって特に恩寵を内的根源であるハビトゥスのカテゴリーで呼ぶことをためらったとは類推しがたいように思われる。

というのも、トマスは『神学大全』では、アリストテレスのヘクシスを再検討した結果、第一に、恩寵を「ハビトゥス」と呼ぶのは本来的ではない、という『真理論』に見られたような意味の叙述は見受けられない。

第二に、トマスが第二―一部第五十問題第二項主文で、「後で述べるように[72]」と但し書きをつけて、恩寵を明確に「ハビトゥス」と呼んでいることを全く無視するわけにもいかない。第三に、トマスが恩寵を「ハビトゥス的」と呼ぶ場合、恩寵がハビトゥスであることを含意しているのは明らかであり、そのためハビトゥス的恩寵という言葉が出てくる箇所は何カ所もある。[73] 第四に、恩寵について詳しく述べられる『神学大全』第三部では、トマスが「増大する知恵と恩寵とのハビトゥスそのものに即して[74]」という言い方をしているのが見て取れる。「恩寵のハビトゥス」と『神学大全』第二部でよく見られるように“habitualis”と形容詞形ではなく“habitus”と名詞形で使われているのである。それゆえ、『神学大全』第二―一部第百九問題以降、恩寵を明示的にハビトゥスと呼んでいない、とする桑原の説は受け入れ難いものとなる。

しかし、桑原が次のように言うのには筆者も賛同できる。「注賦的性向（habitus infusus）」とは、・・・その本来のアリストテレス的な概念に対して、許容限度一杯まで拡張と変容を加えながら、なおも「性向」という枠組みを何とか駆使しようとする、トマスの努力の産物である。[75]」すなわち、トマスはアリストテレスの自然本性に関わるヘクシスの概念をあくまで保持しつつ、そこから飛躍し、超自然の分野にまで拡大解釈したと考えるからである。

第五節　『神学大全』において成聖の恩寵はハビトゥスか―肯定説

他方、成聖の恩寵がハビトゥスであるとする肯定説として次のような説が挙げられる。ガリグー・ラグランジュは恩寵を「存在的ハビトゥス（habitus entitativus）[76]」と呼び、また岸英司は恩寵を「内属存在（esse in）[77]」

と捉え、それを「存在的な習性（habitus entitativus）」と説明している。これらはトマス自身の言葉ではないが、トマスの「成聖の恩寵」を表現するのに的を射た言葉である。(78)

また山田晶は、恩寵について詳しく展開される『神学大全』第三部の註で次のように述べている。「恵（gratia）は、神の無償の意志によって人間の魂のうちに注ぎこまれる一種の賜物であるかぎりにおいて、超自然的な意味で「質」のカテゴリーに属する何らかの付帯性であると考えられる。すなわちこの賜物を受けた魂においてそれは一種の習性（habitus）と成り、丁度自然的意味で徳の習性を得た者が、それによって徳の行為に対してよりいっそう傾きやすくなるように、恵みの習性を受けた者は、それだけいっそう超自然的な徳の行為に対して傾きやすい傾向を得る。(79)」つまり、山田も恩寵は魂において一種のハビトゥスとなると主張しているのである。

さらにジョゼフ・ポールは『恩寵―現実態として、および所有態として』という著書の中で、「注入されたハビトゥスである成聖の恩寵(80)」という見出しを挙げ、成聖の恩寵はより限定的にはハビトゥスとして表現されるであろう(81)、と述べている。

いずれも「成聖の恩寵」が超自然的なハビトゥスであるという説の立場にあり、その点に関しては筆者もこれらの説に賛同する。しかし、そのどれもが『神学大全』第二―一部第四十九問題におけるアリストテレスの本性的ハビトゥスとトマスの成聖の恩寵との関連についてはあまり注目していないようである。

わずかにポールがアリストテレスから導き出したトマス自身のハビトゥスの定義に触れ、「ハビトゥスとは、それによってものがその本性に関わる秩序と、働きあるいはその目的に関わる秩序に、善くもしくは悪しく関係する、変化しがたい質である(82)」を引用している。ところが彼は、成聖の恩寵は恒久的に内在する質であるところから、実体が恒久的に善いか悪いか、すなわち美しいか醜いか、健康か病気かといったことが表わされるので、ハビトゥスに違いない、と述べているのである。[83] つまり、ポールは未だアリストテレスのヘクシス概念から抜け出ていないようであり、トマスがアリストテレスの本性的ハビトゥスを超自然的ハビトゥスへと拡大解釈し、恩寵に適用していることに注意を払っていないのである。

筆者は、トマスがアリストテレスの本性的「ハビトゥス」という言葉を超自然的な恩寵に適用してはいるが、その場合明確な拡大解釈と飛躍があると捉える。すなわち、トマスはアリストテレスのヘクシスを分析し、ハビトゥスが働きに関わるのみではなく、その根源として本性に関わる側面を有することを読み取り、その時点で本性に関わるハビトゥスが成聖の恩寵にも適用されうることを認識するに至ったのである。

したがって、成聖の恩寵は霊魂の本質を基体として与えられる根幹的ハビトゥス、すなわち存在的ハビトゥスであり、それが形相として超自然的な善業への傾きを与え、そこから流出する霊魂の諸能力を基体とする徳としての作用的ハビトゥスが、超自然的な功徳を積むことを可能にすると言えるであろう。トマス自身、試行錯誤した末、アリストテレスの自然本性に関わるハビトゥスの概念を保持しつつ、そこから飛躍し、超自然的分野すなわち神的本性の分有である恩寵にまで拡大解釈したと考えられるのである。

こうして、我々は分有された神的本性を受け取ることに基づいて「神の子」とされる、と言われる。そして、それは何らかの再生あるいは再創造という仕方で行われる。[84] 次節ではこれらの「再生」あるいは「再創造」といった言葉の持つ意味を検討することにする。

第六節　人間本性と「成聖の恩寵」との関わり

人は人祖による原罪に陥る前の十全的本性（natura integra）の状態において、自らにとって自然本性的（connaturale）であるところの善についてはハビトゥス的恩寵（gratia habitualis）が追加されなくても自らの自然本性の力によってそれを為すことができた。[85] それはすべての存在するものにとって本性上そうあるようにできているところに即して（secundum quod aptum natum est esse）何かを要求し、愛することが自然本性的なことだからである。[86] ただし超自然的善（bonum supernaturale）を為し、意志するためにはそれだけでは十分ではなく、自然本性的能力に付加された無償の力（virtus gratuita）つまり超自然的形相が必要となる。[87]

ところが、原罪によって堕落した自然本性の状態にあっては、第一に、元の自然本性の状態へと癒されるために、ハビトゥス的恩寵を必要とする。というのも、罪を犯す（pecare）ということは或るものにその自然本性に即して適合するところの善を欠落する（deficere）ことに他ならないからである。[88] したがって、神の恩寵によって罪が赦され、神との和解が成立すること、すなわち成聖の恩寵の賜物である存在的ハビトゥスが与えられることにより、ようやく元の人間本性の状態に戻れることになる。こうして自然本性が修復されて初めて次の段階に進むことができるのである。[89]

第二に、自然本性を超え出て超自然的力に属する善を為すために、[90] つまり終極・目的である永遠の生命に到達するために、さらに恩寵的力を必要とする。[91] すなわち、神を受容する能力（capax Dei）を有する人間が神的本性を分有できる存在となるところまで高められるために、付与されるべき形相を受け取る必要があり、これがキリストの贖罪によって与えられる「成聖の恩寵」なのである。

換言すれば、堕落した本性の状態においては第一に自然本性の修復が、第二に超自然的善を為すためにさらに高次の存在へと導く恩寵が二段階にわたって必要であることになる。そしてこの恩寵はすぐに個別の働きに結びついているものではなく、本性という注入徳の働きにとって根源あるいは根幹ともなる存在の在り方そのものに関わる領域に根ざしていると言える。したがって、この「成聖の恩寵」は、アリストテレスの働きに関わるハビトゥスではなく、その根幹である本性に関わるハビトゥスの線上にあることが明白なのである。

こうして、堕落していた人間本性は修復され、存在において神的本性に参与し、神の子として生まれ変わる。人間は、新しい存在を得て、神的本性のうちに再生・再創造され、神の養子権を得て、永遠の命である神的善を享受する相続権を獲得することになるのである。(92)

さらに、人間はこの「成聖の恩寵」を得、神意に適う者となって初めて自己の本性を超え出る「神の似像」と成りうる。すなわち、トマスによれば、第一に、知性と意志という可能態としての本性に基づいた似像は、恩寵の扶助がなくてもすべての人間に存在する。第二に、不完全ではあるが、この世において恩寵の扶助のもと所有態（habitus）および現実態（actus）として神を認識し、愛する場合には、恩寵的な同形性（conformitas gratiae）に基づく似像が存在する。そして第三に、人間はますます神と類似した似像へと再創造され、来るべき世においては、完全な仕方で神を現実態として認識し、愛する栄光的な類似性（similitudo gloriae）に基づく似像へと導かれることになる。(93) 最終的には聖霊そのもの、すなわち第三のペルソナである神そのものの現存を分有することにより似像は完成を見るのである。

結び

トマスは『真理論』では成聖の恩寵を「ハビトゥス」と捉えることを躊躇していたが、『神学大全』でアリストテレスのヘクシス概念を再検討した結果、一般的に考えられている働きに関わるハビトゥスではなく、本性に関わるハビトゥスとして恩寵を捉えうると考えるに至った。

神は人間をその自然本性を遥かに越えた神的本性に参与させるために、先ず「無償の恩寵」による動かしを与え、人間を洗礼へと導く。そして受洗した者に「成聖の恩寵」による超自然的形相を付与し、人間に高次元の存在を与える。またその形相によって自ら終極目的への傾向性を持たせつつ人間を永遠の生命に値する者へと導く。「成聖の恩寵」はその基礎となる本性および人間存在の在り方に関わる根幹的ハビトゥスということになる。またその道程で与えられる動かしとしての神的扶助（無償の恩寵）も同じ神の意志すなわち愛の現れであり、神はあらゆる側面から人間が神自身との合一という究極目的を達成するようにと扶助を惜しまないのである。

トマスによれば、こうして一度は堕罪によって損なわれた人間本性も、成聖の恩寵、すなわち存在的ハビトゥスを受けて再生され、さらに神的本性を分有するという超自然的存在を得て再創造され、新しい生命へと生まれ変わる。そして、人間は超自然的秩序において「神の似像」をさらに写し出すものとして、三位一体のペルソナ的活動である現実態としての言と愛の発出を分有するものとなり、「神の似像」は自然本性を超えた次元で完成を見ることになるのである。

（1）本章は拙論「トマスの恩寵論におけるハビトゥス概念の一考察」（『中世思想研究』四十九号、二〇〇七年、中世哲学会発行に所収）を改訂したものである。
（2）神の報いに値する業。ルカ六・三五「あなたがたは敵を愛しなさい。…そうすれば、沢山の報いがあり、いと高き方の子となる。」等参照。
（3）cf. *S. T.*, I-II, q.111, a.1, c.
（4）cf. ibid..
（5）cf. Garrigou-Lagrange, *Reality: A Synthesis of Thomistic Thought*, trans. P. Cummins, St. Louis, 1950, pp.293-302: "sanctifying or habitual grace."
（6）キリストの贖罪によってもたらされ、さらに教会に委ねられた、恵みを実際にもたらす感覚的しるしである秘跡の一つ。全部で七つあるが、洗礼はその第一のもの。
（7）前章までは"habitus"を「所有態」（第二章註23）あるいは「習慣」（第三章註10）と訳してきたが、恩寵論においては様々な問題を含んでいるため、一応「ハビトゥス」と原語のままにしておく。
（8）アリストテレスの"hexis"も"habitus"との関連で「ヘクシス」と原語のままにしておく。
（9）cf. *De Ver.*, q.27, a.1, ad 3.
（10）cf. *S. T.*, I-II, q.49, a.2, c.: 質の第一種とは基体の様相ならびに確定が事物の本性への関連において、第二、三種とは本性の諸原理、すなわち質料と形相に伴うところの能動と受動への関連において、第四種とはその量への関連において理解される。
（11）*De Ver.*, q.27, a.2, ad 7.
（12）cf. loc. cit., a.6, resp.;『ペトロの手紙二』一・四:「わたしたちは尊くすばらしい約束を与えられています。…それは、あなたがたが…神の本性にあずからせていただくようになるためです。」
（13）cf. *De Ver.*, q.27, a.5, resp..
（14）cf. *S. T.*, I-II, q.110, a.3, ad 3: "principium et radix"
（15）cf. *S. C. G.*, III, 150, 3.

（16） cf. loc. cit., 7.

（17） *S. T.*, I-II, q.49, a.1, c.; Aristoteles, *Metaphysica*, V, 1022 b10-12.

（18） loc. cit., ad 3; Aristoteles, *Metaphysica*, V, 1022 b1.

（19） ここでトマスはシンプリキウスのアリストテレス註解を採用している。「場所に基づいて」とは、形体的な諸状態を指示しているが、これは態位の範疇に属するものであって、それは諸部分が場所において有する秩序にほかならない。「能力に基づいて」とは未熟な学知や徳のように不完全な諸状態を含む。

（20） *S. T.*, I-II, q.49, a.1, s.c.; Aristoteles, *Categoria*, 8 b 27-28; 9 a 3; a 10-13.

（21） loc. cit., a.2, s.c.; *Categoria*, 8 b 26-27.

（22） *S. T.*, I-II, q.49,, a.2, c..

（23） Aristoteles, *Physica*, VII, 246 b 23-24; Thomas, 5, 918.

（24） Aristoteles, op. cit., II, 198 b 3-4.

（25） *S. T.*, I-II, q.49, a.2, c..

（26） loc. cit., a.2, ad 3.

（27） loc. cit., a.1, c.　一四七頁参照。

（28） loc. cit., a.3, c.; cf. Aristoteles, *Metaphysica*, V, 1022 b10-12. 稲垣良典訳、『神学大全』、第十一冊、第二―一部第四十九問題第三項主文参考。稲垣の翻訳においては、「すなわち自らの本性に関して」と「すなわち終極・目的への関連において」が括弧に入れられ、出典がアリストテレスの『形而上学』となっている。

（29） cf. *De Ver.*, q.10, a.1, ad 7. 人間の場合、知性的霊魂であり精神が能力的全体（totum potentiale）として捉えられている。

（30） cf. *S. T.*, I-II, q.50, a.2, c..

（31） cf. op. cit., q.110, a.1, c..

（32） cf. op. cit., q.113, a.10, c., Augustinus, *De Trinit.*, XIV, (PL 42, 1044).

（33） 人間が堕落した状態から神意に適う状態へと高められること。本章、第六節参照。

（34）cf. *S. T.*, I-II, q.111, a.1, c., ad 1.
（35）それゆえ、成聖の恩寵は"gratia sanctificans"とも言われる。
（36）cf. *S. T.*, I-II, q.111, a.1, ad 3.
（37）cf. op. cit., q.110, a.2, c..
（38）loc. cit., ad 2.
（39）loc. cit., ad 3.
（40）cf. *S. T.*, I-II, q.110, a.2, ad 3.　傍点は筆者が挿入。
（41）cf. *S. T.*, I-II, q.50, a.2, c.:「人間がそれを分有する者となりうるごとき何らかの高次の本性」
（42）『神学大全』、第二十六冊、山田晶訳、創文社、一九九九年、第三部第七問題第十一項主文、註（13）、一一八―一一九頁。「［人間の］魂に受け取られた神のエッセは、この基体に「おいて在る」in esseところの付帯的な「在るもの」ens accidentaleとなる。すなわち超自然的な意味での習性となる。その意味で神から受けた神のエッセは、人間キリストにおいては、習性的恵として存在（エッセ）することになる。」参照。この場合人間キリストに内在する神の存在について語られているが、神と人間の仲介者であるキリストにおける習性的恵gratia habitualisはすべての人々に受け取られる恵みの源泉となる。
（43）cf. *S. T.*, I-II, q.111, a.2, c.. 神のみが動かすものであるような結果については、その働きは神に帰せられ、「作動的恩寵」と呼ばれる。
（44）cf. ibid., 人間の行為において、我々の精神が動かされるものであり・動かすものであるような結果については、その働きは神に対してのみではなく、霊魂に対しても帰せられ、「協働的恩寵」と呼ばれる。
（45）三位一体の神の第三位格（persona）であり、父と子が生み出す愛のことであると言われている。
（46）cf. *S. T.*, III, q.7, a.13, c..
（47）cf. ibid.. 贖われた人間の霊魂は聖霊の神殿であると言われている。（一コリント六・十九）聖霊である第三のペルソナそのものの人間霊魂における内在は恩寵のクライマックスとなる。
（48）cf. *S. T.*, III, q.7, a.13, c..

(49) cf. op. cit., q.8, a.5, c.;『神学大全』第二十六冊、山田晶訳、一九九九年、同所註（9）、二一五頁参照。

(50)『ヨハネによる福音書』一・十二

(51) cf. *S. T.*, I-II, q.110, a.3, c..

(52) cf. loc. cit., a.4, c..

(53) cf. ibid..

(54)『神学大全』第十四冊、稲垣良典訳、創文社、一九八九年、第二―一部第百九問題第六項第三解答、註二〇四、二五四頁参照。

(55) 本章第二節参照。

(56)『神学大全』第十一冊、稲垣良典訳、創文社、一九八七年、第二―一部第四十九問題第三項主文および本章第二節参照。

(57) cf. *S. T.*, I-II, q.110, a.3, ad 3. 稲垣良典訳、『神学大全』第十四冊、同所訳者註二五〇、二五八頁参照。異論において働きと関わる徳が精神のハビトゥスであると言われているので、それと本性的なハビトゥスとを区別するために、トマスは「ハビチュード」という言葉を使っているようであるが、彼は超自然的なハビトゥスのことを意味していると考えられる。また、恩寵が注入徳の根源および根幹であるということは、トマスが『真理論』第二十七問題第五項の解答において恩寵が諸徳へと細分化される前の不分割で未分化なハビトゥスであると述べていたことと符合する。

(58) *S. T.*, I-II, q.110, a.3, ad 3; 稲垣良典訳、『神学大全』第十四冊、同所註二五一、二五八頁参照。

(59) cf. Roy J. Defferrari & M. Inviolata Barry, *A Lexicon of St. Thomas Aquinas*, UMI, 2001, p.477; "(5) habit in the narrower sense of the word, i.e., peculiarity, inclination, fitness of a thing for something, synonym of *dispositio*, *habilitas*, and *habitudo*."

(60) 註五十六参照。

(61) 稲垣良典、『神学大全』第十四冊、解説「トマスの《恩寵》概念」、二七六―二七七頁参照。

(62) 稲垣良典、同著、二七七頁参照。

(63) cf. *S. T.*, I-II, q.110, a.1, c..

(64) 稲垣良典、『神学大全』第十四冊、解説「トマスの《恩寵》概念」、二七七頁参照。

（65）「恩恵」とは“gratia”のことであり、恩寵と同じ意味である。最近は恩恵と訳されることが多く、桑原氏は恩恵を採用している。

（66）桑原直己、『トマス・アクィナスにおける「愛」と「正義」』、知泉書館、二〇〇五年、註（二十一）二六六頁。「『神学大全』における「ハビトゥス的賜物としての恩寵」の意味について」、『中世思想研究』、第三十二号、中世哲学会、九十二頁参照。括弧内は筆者が挿入。

（67）桑原直己、『トマス・アクィナスにおける「愛」と「正義」』、同所。

（68）cf. *S. T.*, I-II, q.50, a.2, c..

（69）桑原直己、『トマス・アクィナスにおける「愛」と「正義」』、三五一―三五二頁参照。

（70）cf. Joseph Pohle, op. cit., p.12; cf. *S. T.*, I-II, q.111, a.1, c..

（71）トマスは『真理論』において、恩寵は諸徳が前提とする未分化で唯一のものであると述べている。

（72）cf. *S. T.*, I-II, q.50, a.2, c.; cf. *S. T.*, I-II, q.110, a.4.

（73）cf. op. cit., q.109, a.6, c., ad 3; loc. cit., a.8, c.; loc. cit., a.9, ad 1; loc. cit., a.10, c., etc.

（74）*S. T.*, III, q.7, a.12, c.:“uno modo, secundum ipso **habitus sapientiae et gratiae** augmentalos.”

（75）桑原直己『トマス・アクィナスにおける「愛」と「正義」』、二四三頁。

（76）Garrigou-Lagrange, *De Gratia: Commentarius in Summam Theologicam*, R. Berruti & C., Torino, 1947, p.100.

（77）岸英司、「トマス・アクィナスにおける成聖の恩寵について」、『中世思想研究』、第十二号、中世哲学会、一九七〇年、八〇頁。

（78）Caietanus, In *S. T.*, I-II, q.110, a.3. カエタヌスも恩寵を霊的存在の第一の形相的原理であり、分有された神的本性における存在原理（principium essendi）であると述べている。ハビトゥスという言葉は使っていないが、存在的ハビトゥスを意味していると考えられる。

（79）『神学大全』、第二十五冊、山田晶訳、創文社、一九九七年、第三部第六問題第六項主文、訳者註（8）、四二二頁参照。

（80）Joseph Pohle, the Rt. Rev. Msgr., *Grace-Actual and Habitual*, adpt. & ed. by Arthur Preuss, B. Herder Books Co., St. Louis, Mo. & London, W.C., 1943, p.333: "Sanctifying Grace an Infused Habit".

(81) cf. J. Pohle, op. cit., p.333.

(82) cf. *S. T.*, I-II, q.49, a.3, c.; Aristoteles, Metaphysica, V, 1022 b10-12.

(83) cf. J. Pohle, op. cit., p.334.

(84) cf. *S. T.*, I-II, q.110, a.3, c..

(85) ただし動者たる神の扶助は必要である。

(86) cf. *S. T.*, I-II, q.109, a.3, c.; Aristoteles, *Physica*, II, 199 a10:「いかなるものもそれが本性上そうできているように（prout aptum natum est）、そのように働きを為すからである。」

(87) cf. loc. cit., a.2, c..

(88) cf. loc. cit., a.3, ad 2.

(89) cf. op. cit., q.114, a.2, c..

(90) これが報いに値する業、功徳ある業（opera meritoria）と言われる。

(91) cf. *S. T.*, I-II, q.114, a.2, c..

(92) cf. loc. cit., a.3, c.;『ローマ人への手紙』八・十七「もし子供であれば，相続人でもあります。」

(93) cf. *S. T.*, I, q.93, a.4, c.. 本書第二章第五節、註23参照。

おわりに

人間の本質を探究することは哲学に与えられた命題の一つである。その観点に立って、本書では中世キリスト教哲学の中でこの問題を鋭く追究したトマス・アクィナスの「神の似像」としての人間論を考察することにした。

先ず序章では、トマスの似像論の代表的な先行諸研究を概観し、次いでトマスの似像論の出発点となったアウグスティヌスの『三位一体論』における似像論の骨子を確認した。次に第一章では、第一節でペトルス・ロンバルドゥスの『命題集』における「似像」の諸定義を検証し、次いで第二節で、『命題集註解』においてトマスがロンバルドゥスの論述を叩き台にしながら彼自身の似像概念を形成している様を追跡した。その際、定義に用いられる「形象」という語の意味を明らかにした。

第二章では、『真理論』におけるトマスの似像論を考察した。先ず第一節で、『真理論』第十問題の議論展開が、アウグスティヌスの『三位一体論』後半のそれと同様に、「時間的なものから自己を通して神に至る」という精神の上昇に対応する構造を持つことを指摘した。そして第二節では、『真理論』における「精神」の存在論的・霊魂論的分析の検討を行った。その際、トマスは「精神」を、「本質」と「働き」の中間に位置する「能力」であるとし、また、記憶、知性、意志を統括する或る「能力的全体」として規定していることを確認した。第三節では、『真理論』においてトマスが行った「記憶」の分析を考察した。トマスによれば、アリストテレスの言う記憶は内部感覚の一つであるが、アウグスティヌスの語る、過去・現在・未来に共通に関わる記憶は、知性の一形態として捉えられる。すなわち、知性において所有態として保持されているすべてのものが、アウグスティヌス的意味での記憶に含まれているとするものであった。それゆえ、この意味での記憶は知性とは別の能力ではなく、知性の所有態的保持であるとされた。トマスはこのような過程を経て、後に三位一体なる神の似像の規定として、「記憶・知性認識・意志」の三組のうち、「記憶」を削除することへと道を拓いた。第四節では、アウグスティヌスによる三位一体なる神の似像の諸規定のうちの二つ、すなわち、「精神・知・愛」と「記憶・知性認識・意志」に関連して、トマスがこれら二つの関係をどのように理解しているかを論じた。トマスは、精神が単に可能態として、知と愛は単に所有態として記憶に属するとしている。それゆえ、「精神・知・愛」は似像の「不完全な模倣」にすぎないとされた。またトマスは、記憶、知性、意志が現実態として働くとき、「記憶・知性認識・意志」は「似像の完全な模倣」として表われ出ると述べている。第五節では、『真理論』第十問題においてトマスが「記憶」の扱いに関してアウグスティヌスから離反する決定的瞬間を見定めた。すなわち同問題第三項までは、トマスは三位一体なる神の似像の規定として「記憶・知性認識・意志」を保持していたが、第七項では、トマスが最終的に「記憶」を似像の規定から削除した過程を明らかにした。第六節では、トマスが同問題第七項で規定した「神の似像」の存在の仕様についてどのように論じているかを考察した。トマスは、人間精神が自己認識を行なうとき、内的言葉と愛とを生み出すが、これが三位一体なる神の言と愛とのペルソナ的発出を「類比的」に表現するとした。そしてこの自己認識において、自己を神の似像として認識することになると言う。次いで、トマスは神が恩寵として精神に現前することによって、人間はさらに神を認識し、愛し、神へと「同形化」されることになると述べている。こうして「類比による類似」から「同形化による類似」へと上昇することにより、人間における神の似像はますます完成されることになった。

第三章では、トマスが、三位一体なる神の似像の中心的規定から「記憶」を削除したことに関連する諸問題を扱った。第一節では、トマスが、アウグスティヌスにおいて重要であった「記憶」という主題、特に、「自己の記憶」と「神の記憶」という事柄をどのように論じているのかを考察した。トマスはアウグスティヌスの言う「自己の記憶」を、「霊魂の本質の自己への現前」という所有態的認識として捉え直しているのを見た。またアウグスティヌスの言う「神の記憶」は、トマスによって「精神への神の現前」と読み替えられた。トマスは神が精神に現前するのに応じて、精神は神から「知性的光」を受け取り、神を知性認識し愛するようになるとした。メリエールはこの「知性的光」を、もっぱら諸事物を認識できるようになる自然本性的な、能動知性の光を指すものと捉えているが、本書ではここに恩寵の光への言及が含まれていると捉えた。すなわち、神が精神に現前するとき、知性と意志は恩寵の光を受け取り、これによって強められ、神をさらに知性認識し愛することができるようになると解した。本書では、トマスがこれを神への「同形化」の道とし、この道行において人間精神は最終的に栄光の光を受け取り、ここに神の似像が完成されると考えているものと推察した。第二節では、アウグスティヌスにおいて「記憶」が担っていた人間精神における「言葉と愛の発出」の根源が果たす役割を、トマスは『対異教徒大全』と『能力論』の中で何に担わせているかを考察した。本書では『対異教徒大全』においては「精神」が、『能力論』においては「理性的被造物」が、その発出の根源の役割を担っていることを確認した。第三節では、人間における「言葉と愛の発出」の根源が果たす役割を担うのは何かという同じ問題を、『神学大全』において検討した。『神学大全』では、その役割を担うとされているのは、「われわれの有する知」——自己を対象とするときは自己の知、神を対象とするときは神の知——とされている。ここで注意すべきことは、『神学大全』で「自己の知」と「神の知」と呼ばれるものは、実質的に、アウグスティヌスの「自己の記憶」と「神の記憶」と重なり合うとトマスが考えていたことである。トマスはその時点ではすでに「記憶」という語を用いていないが、アウグスティヌスが「記憶」という言葉に込めていた内実を考え続けていたと推察できる。

第四章においては、『神学大全』第一部におけるトマスの似像論を考察した。トマスは、『命題集註解』で提示した「似像」の定義を、『神学大全』第一部第三十五問題第一項と第九十三問題第一—二項において保持しているが、第九十三問題第五項以降では、似像概念を動的なものへと発展させていることを本章で示した。トマスによる「似像」の最終的な規定は、「形象の表現」という、簡潔ながら的確なものである。というのは、「形象」という語は、神の一なる本質と三つのペルソナとを同時に言い表すことができ、「表現」という語は、模像による範型の写し出しと、神の自己表現活動とを同時に言い表すことができるからである。

第五章においては、「記憶」の問題に関するアウグスティヌスからのトマスの離反の内実を、より一層明らかにするために、トマスにおける自己認識の扱いを検討した。たしかにトマスは『真理論』において、「所有態的な自己認識」について語っており、これはアウグスティヌスの「自己の記憶」に近い。しかし『神学大全』においてトマスは、所有態的認識は現実態にもたらされない限り正規の認識とは見なされない、と述べている。トマスはこの「神の似像」としての自己認識は、それが現実態化されるならば、そして現実態化されればされるほど、完全現実態として活動する三位一体の神を写し出すことになるものと考えた。

最後に第六章では、人間における「神の似像」の完成にとって不可欠な恩寵について論じた。本書は、この問題に関わる解釈者たちの論争に参加し、「成聖の恩寵」は一つのハビトゥスであるという見解に与した。その根拠は、トマスがアリストテレスのハビトゥスは働きにのみ関わるのではなく、本性に関わる側面を有していることを読み取ったからである。さらに本書では、トマスがその自然本性に関わるハビトゥスを超自然に関わる恩寵の領域にまで拡大解釈した、と捉えるからである。創造主は人間に、人間本性を超えた高次のあり方の実現という終極目的を定めている。したがって、神は人間がこの目的を実現するために必要な手段を準備していると考えることが理にかなっている。「成聖の恩寵」は、人間が神的本性に与るために、神が人間に高次の存在を与えることによって現実に神意に適う聖なる者となれるように、人間の本性に付与した賜物であると、トマスは述べている。この恩寵は、原罪によって一度は堕落した人間本性を修復するものであり、また人間が自らにおける「神の似像」の完成を目指して神的本性に参与できるようにするものにほかならない。本書では、恩寵のうち、このハビトゥス的恩寵、すなわち「成聖の恩寵」に焦点を絞って論じるに留めた。その理由は、「無償の恩寵」や人間精神の神との栄光的な一致という最高の恩寵を真正面から主題として取り扱うことは本書の範囲を超えると考えたからである。また、恩寵の源泉となるキリストの贖罪や三位一体の神の人間精神への内在等については今後の課題としたい。

トマスによって、群の中の一単位であるかのように見える人間も、その一人ひとりのうちに神的本性に参与する可能性を秘めた「神の似像」を有していることが明らかになった。すなわち、すべての人間が生まれながらにして「知性と意志」という能力を与えられていること。またその道中において、それらの能力に即して現実態として「内的言葉と愛」を発出することによって、完全現実態として「言と愛」を発出する三位一体の神を写し出すこと。そして、その「類比による類似」から成聖の恩寵の扶助のもと「同形化による類似」へと引き上げられ、来たるべき世においては栄光的な神の直視によって「神の似像」は完成されることになる。これこそが一人ひとりの人間の有している崇高な尊厳と言えるのではないか、と筆者は考える。

本書の論述全体を総括してみると、似像論という主題がトマスの思索全体を把握するうえでの一つの有効な座標軸となることを本書は示しえたのではないかと思う。そしてもしそのことが示されたのであれば、たとえトマスの集大成と言われる『神学大全』において「神の似像」が表立って主題化されることが多くないとしても、その中で実質的に似像論が追究されていたと主張することはあながち無理ではないであろう。したがって、次のように考えることができるのではないだろうか。すなわち、第一部で論じられる、「知性と意志」を備えた人間とは、「神の似像」としての人間のことであり、第二部、徳論で論じられる倫理とは、自己における「神の似像」を完成へともたらす道のことである。そして第三部で論じられる恩寵とは、「神の似像」の完成のための、神からの扶助のことである。

神から出て、神に還り行く旅人とは、まさに「神の似像」を与えられ、これを完成させようとする人間を指すものと見做すことができるのではないか、と筆者は考えている。

謝辞

本書を書くに当たり、ご指導いただいた坂口ふみ先生、清水哲郎先生、座小田豊先生、荻原理先生、そして元助手であった故・今泉智之さん、松浦明宏さんに心から御礼を申し上げます。また心の支えとなり協力してくれた夫、三谷英夫と家族にも感謝の意を表します。

テキストおよび参考文献

テキスト・翻訳書

Thomas Aquinas, *De ente et essentia, Opera Omnia* iussu Leonis XIII P.M. edita, t.43, Rome, 1976.

____, *Scriptum Super Libros Sententiarum Magistri Petri Lombardi*, vols.1,2, ed. Pierre Mandonnet, O.P. & Maria Fabianus Moos, O.P., Paris, P. Lethielleux, 1929.

____, *S. Thomae Aquinatis Opuscula Omnia*, R. P. Petri Mandonnet, O.P., Paris, P. Lethielleux, 1927.

____, *Thomae Aquinatis Opera Omnia*, Apud Ludovicum Vivès, Bibliopolam ed., Paris.

____, *Summa Theologiae*, La Editorial Catolica, Biblioteca de Autores Cristianos, Madrid, 1978.

____, *Quaestiones Disputatae de Veritate*, vol.1, ed Raymundus Spiazzi, O.P., Marietti, Turin, 1949.

____, *Truth*, tr. J.V. McGlynn, S. J., repr. by Hackett Publishing Company, Inc., Indianapolis/Cambridge, 1994.

____, *Summa Theologiae*, tr. Fathers of the English Dominican Province, Christian Classics, Maryland, 1947.

____, *Summa Theologiae*, Eyre & Spottiswoode, London, 1963.

____, *Summa Contra Gentiles*, Book II, tr. James F. Anderson, University of Notre Dame Press, Notre Dame, London, 1975.

____, *Summa Contra Gentiles*, Book III, Part 1, tr. Vernon J. Bourke, University of Notre Dame Press, Notre Dame, London, 1975.

____, *Summa Contra Gentiles*, Book III, Part 2, tr. Vernon J. Bourke, University of Notre Dame Press, Notre Dame, London, 1975.

____, *Summa Contra Gentiles*, Book IV, tr. Charles J. O'Neil, University of Notre Dame Press, Notre Dame, London, 1975.

____, *Disputed Questions on the Virtues*, ed. E.M.Atkins &Thomas Williams, tr. E.M. Atkins, Cambridge University Press, 2005.

Aristotle, *De Memoria et Reminiscentia, Aristotle on Memory*, Richard Sorabji, Duckworth, London, 1972.

Augustinus, *La Trinité* II (Livres VIII-XV) Œuvres de Saint Augustin, vol.16, tr. P. Agaësse, S.J., Desclée de Brouwer, Paris, 1955.

____, *De Diversis Quaestionibus Octoginta Tribus*, ed Almut Mutzenbecher. CCL 44A. Turnhout: Brepols, 1975; PL 40: 11-100.

Fulgentius, *De Fide ad Petrum*, Patrologia Latina 65, 674.

Hilarius, Sanctus Pictavensis Episcopus, De Trinitate, Patrologia Latina 10, 92.

____, *De Synodis*, Patrologia Latina 10, 490.

Lombardus, Petrus, *Sententiae in IV Libris Distinctae*, Collegii S. Bonaventurae Ad Claras Aquas, Grottaferrata(Romae), 1971.

アリストテレス、『カテゴリー論』、アリストテレス全集一、山本光雄訳、岩波書店、一九八七年。

——、『自然学』、アリストテレス全集三、出隆・岩崎允胤訳、岩波書店、一九七六年。

——、『霊魂論』、アリストテレス全集六、山本光雄訳、岩波書店、一九八八年。

——、『形而上学』、アリストテレス全集十二、出隆訳、岩波書店、一九八八年。

アウグスティヌス、『三位一体論』、中沢宣夫訳、東京大学出版会、一九九二年。

——、『アウグスティヌス・ボエティウス』、渡辺義男訳、筑摩書房、一九八六年。

トマス・アクィナス、『神学大全』、第一冊、高田三郎訳、創文社、一九八七年。

——、『神学大全』、第三冊、山田晶訳、創文社、一九八七年。

——、『神学大全』、第四冊、日下昭夫訳、創文社、一九九三年。

——、『神学大全』、第六冊、大鹿一正訳、創文社、一九六九年。

――、『神学大全』、第七冊、山田晶訳、創文社、一九六五年。
――、『神学大全』、第九冊、村上武子訳、創文社、一九九六年。
――、『神学大全』、第十一冊、稲垣良典訳、創文社、一九八七年。
――、『神学大全』、第十四冊、稲垣良典訳、創文社、一九八九年。
――、『神学大全』、第十六冊、稲垣良典訳、創文社、一九八七年。
――、『神学大全』、第二十五冊、山田晶訳、創文社、一九九七年。
――、『神学大全』、第二十六冊、山田晶訳、創文社、一九九九年。
――、『神学大全』、第四十一冊、稲垣良典訳、創文社、二〇〇二年。
――、『トマス・アクィナス』、山田晶訳、中央公論社、一九九〇年。
――、『真理論』、花井一典訳、哲学書房、一九九〇年。

欧文文献

Bourke, Vernon J., “The Role of Habitus in the Thomistic Metaphysics of Potency and Act”, *Essays on Thomism*, ed. Robert E. Brennan, O.P., Sheed & Ward, New York, 1942.
Brown David, *The Divine Trinity*, Open Court Publishing Company, Illinois, 1985.
Bubacz, Bruce Stephen, “Augustine’s Account of Factual Memory”, *Augustinian Studies*, 1975: pp.181-192.
Caietanus, Thomas de Vio, *Summa totius theologiae S. Thomas de Aquino*, Hildesheim, G. Olms, 2000-2002.
Camelot, Th., O.P., “La théologie de l’Image de Dieu”, *Revue des Sciences Philisophiques et Théologiques*, 40, 1956: pp.443-471.

Chenu, Marie-Dominique, O.P., *Introduction à l'études de saint Thomas d'Aquin*, 2nd ed., Montréal, Institut d'Études Médiévales, Paris, Vrin, 1954.

Cunningham, F. L. B., *The Indwelling of the Trinity*, The Priory Press, Dubuque, Iowa. 1955.

Danielou, Jean, *God's Life in Us*, Dimension Books, New Jersey, 1969.

De Beaurecueil, Marie-Joseph Serge de Laugier, O.P., "L'homme Image de Dieu selon St. Thomas d'Aquin", *Études et Recherches: Cahiers de Théologie et de Philosophie*, 8, 1952; 9, 1955.

Dedek, John F., *Experimental Knowledge of the Indwelling Trinity*: An Historical Study of the Doctrine of St. Thomas, Saint Mary of the Lake Seminary, Mundelein, Illinois, 1958.

Defferrari, Roy J. & M. Inviolata Barry, *A Lexicon of St. Thomas Aquinas*, Rinsen Book Co., Kyoto, 1985.

Defferrari, Roy J. & M. Inviolata Barry, *A Lexicon of St. Thomas Aquinas*, UMI, 2001.

de Lubac, Henri, S.J., *The Mystery of the Supernatural*, tr. Rosemary Sheed, Herder and Herder, New York, 1967.

Fortman, Edmund J., ed. *Theology of Man and Grace: Commentary*, The Bruce Publishing Company, Milwaukee, 1966.

Froget, Barthélemy, *The Indwelling of the Holy Spirit in the Souls of the Just*, tr. Raemers, Sydney A., The Newman Press, Maryland, 1921.

Gardeil, Ambroise, "Le 'Mens' d'après S. Augustin et S. Thomas d'Aquin", *Revue des Sciences Philosophiques et Théologiques*, 13, Paris, 1924: pp.145-161.

Gareth, B. Mathew, "Augustine on Speaking from Memory", *American Philosophical Quarterly* 4, 1965: pp.157-160.

Garrigou -Lagrange, Réginald, *De Gratia commentarius in Summa Theologicam*, R. Berruti & Co., Torino, 1947.

Gassert, Robert G., S.J., "The Meaning of Cogitatio in St. Augustine", *Modern Scholasticism*, 25, 1948: pp.238-245.

Gilson, Étienne, "Pourquoi Saint Thomas a Critiqué Saint Augustin", *Archives histoire doctrinale et littéraire du moyan âge*, 1, 1926-1927.

Hall, Douglas, C., *The Trinity: An analysis of St. Thomas Aquinas's Exposition of the De Trinitate of Boethius*, E. J. Brill, Leiden, 1992.

Heijeke, J., (C.S.Sp.) "The Image of God according to St. Augustine (De Trinitate excepted), *Folia*, 10, 1956: pp.3-11.

Hertling, G.V., Augustinuszitate bei Thomas von Aquin, 1904, Sitzungsberichte der Münchener Akademie, abgedruckt in: *Historische Beiträge zur Philosophie*, herausg. von J. A. Endres, 1914.

Hill, William J., O.P., *The Three-personed God*, The Catholic University of America Press, Washington, D.C., 1982.

____, *Proper Relations to the Indwelling Divine Persons*, Washington: Thomist Press, 1954.

Hill, Edmund, O.P., *The Mystery of the Trinity*, London, Geoffrey Chapman, 1985.

____, "St. Augustine's De Trinitate", *Revue des études augustiniennes*, vol.19, 1973: pp.277-286.

Hislop, Ian, O.P., "Man, the Image of the Trinity, According to St. Thomas", *Dominican Studies* 3, Oxford, London, 1950: pp.1-9.

Hughes, Dominic, "The Dynamics of Christian Perfection", *The Thomist*, 1952: pp.247-288.

Jadin, Samuel, O. Praem., *Habitual Grace and Supernatural Virtue According to St. Thomas*, Pontificia Universitas Gregoriana, De Pere, Wisconsin, 1963.

Kenny, Anthony, *Aquinas on Mind*, Routledge, London, 1992.

Kenny, John Peter, S.J., *The Supernatural*, Alba House, New York, 1972.

Kretzmann, Norman, and Stump, Eleonore, ed. *The Cambridge Companion to Aquinas*, Cambridge University Press, 1995 (1993).

Ladner, Gerhert B., "St. Augustine's Conception of the Reformation of Man to the Image of God", *Augustinus Magister*, II, New York: pp.867-878.

Lonergan, Bernard, *Verbum: Word and Idea in Aquinas*, University of Notre Dame Press, Notre Dame, 1967.

Maritain, Jacques, "St. Augustine and St. Thomas Aquinas", *A Monument to Saint Augustine*, Mac Veagh, New York, 1930: pp.199-223.

____, *The Person and the Common Good*, tr. John J. Fitzgerald, N.Y., Scribner's, 1947.

Merriell, D. Juvenal, *To the Image of the Trinity: A Study in the Development of Aquinas' Teaching*, Pontifical Institute of Mediaeval Studies, Toronto, 1990.

O'Connor, William R., *The Eternal Quest: The Teaching of St. Thomas Aquinas on the Natural Desire for God*, Longmans, Green, New York, 1947.

____, *The Natural Desire for God*, Marquette University Press, Milwaukee, WI, 1948.

Paissac, H., O.P., *Theologie du Verbe: Saint Augustin et Saint Thomas*, Les Éditions du Cerf, Paris, 1951.

Pohle, Joseph, *Grace: Actual and Habitual*, ed. Arther Preuss, B. Herder Book Co., St. Louis, MO and London, 1943.

Roland-Gosselin, M.D-. O.P., *Le "De Ente et Essentia" de S. Thomas d'Aquin*, Bibliotheque Thomiste, 1926.

Ross, Don S., "Time, the Heaven of Heavens, and Memory in Augustine's Confessions", *Augustinian Studies*, vol.22, 1991: pp.191-205.

Schmaus, Michael, *Die Psychologische Trinitätslehre des Heiligen Augustinus*, Aschendorffsche Verlagsbuchhandlung, Münster Westfalen, 1967.

Schmidt, Robert W., S.J., "Unifying Sense: Which?", *The New Scholasticism: A Quarterly Review of Philosophy*, vol.57, 1983: pp.1-21.

Schneider, Wilhelm, "Die Quaestiones disputatae 'De veritate' des Thomas von Aquin in ihrer philosophiegeschichtlichen Beziehung zu Augustinus", *Beiträge zur Geschichte der Philosophie und Theologie des Mittelalters* 27, 3. Münster: Aschendorff, 1930.

Squire, Aelred, O.P., “The Doctrine of the Image in the De Veritate of St. Thomas”, *Dominican Studies* 4, Oxford, London, 1951: pp.164-177.

Sullivan, John Edward, O.P., *The Image of God: The Doctrine of St. Augustine and its Influence*, Iowa, Priory Press, 1963.

Wayne, Hankey, “The Place of the Psychological Image of the Trinity in the Arguments of Augustine’s De Trinitate, Anselm’s Monologion, Aquinas’s Summa Theologiae”, *Dionysius*, vol.3, Dec. 1979: pp.99-100.

Weisheipl, James A., O.P., *Friar Thomas d’Aquino: His Life, Thought, and Work*, Garden City, N. Y.: Doubleday, 1974.

Wippel, John F., *The Metaphysical Thought of Thomas Aquinas: From Finite Being to Uncreated Being*, The Catholic University of America Press, Washington, D.C., 2000.

邦文文献

稲垣良典、『トマス・アクィナス哲学の研究』、創文社、一九七〇年。

――、『抽象と直観』、創文社、一九九〇年。

――、『習慣の哲学』、創文社、一九九七年。

――、『トマス・アクィナス倫理学の研究』、長崎純心大学学術叢書 一、九州大学出版会、一九九七年。

――、『神学的言語の研究』、創文社、二〇〇〇年。

――、『トマス・アクィナス「存在」の形而上学』、春秋社、二〇一三年。

カイザー、H-J『アウグスティヌス―時間と記憶―』、小阪康治、新地書房、一九九〇年。

片山寛、『トマス・アクィナスの三位一体論研究』、創文社、一九九五年。

グラープマン、M『聖トマス・アクィナス：その人と思想』、長崎出版、一九七七年。

桑原直己、『トマス・アクィナスにおける「愛」と「正義」』、知泉書館、二〇〇五年。

坂口ふみ、『〈個〉の誕生』、岩波書店、一九九六年。

沢田和夫、『トマス・アクィナス研究』、南窓社、一九九五年（一九六九年初版）。

清水哲郎、『岩波　新・哲学講義』一、「ロゴス　その死と再生」岩波書店、一九九八年。

――、『哲学塾』「世界を語ると言うこと――「言葉と物」の系譜学」、岩波書店、二〇〇八年。

ジルソン・エティエンヌ、ベーナー・フィロテウス共著、『アウグスティヌスとトマス・アクィナス』、服部栄次郎、
　藤本雄三共訳、みすず書房、一九八一年。

谷隆一郎、『アウグスティヌスの哲学』、創文社、一九九三年。

パネンベルク、V.『形而上学と神の思想』、座小田豊・諸岡道比古訳、法政大学出版局、一九九三年。

水田英実、『トマス・アクィナスの知性論』、創文社、一九九八年。

山本耕平、『中世思想原典集成』十四、上智大学中央思想研究所、平凡社、一九九三年。

リーゼンフーバー、K.『中世における自由と超越』、創文社、一九八八年。

リーゼンフーバー、K.他編、『中世における知と超越』、創文社、一九九二年。

ロースキィ、V.『キリスト教東方の神秘思想』、宮本久雄訳、勁草書房、一九九〇年。

渡部菊郎、『トマス・アクィナスにおける「真理論」』、創文社、一九九七年。

山内清海、『神の似像の霊性』、サンパウロ、二〇〇〇年。

山田晶、『トマス・アクィナスの《エッセ》研究』、創文社、一九七八年。

――、『在りて在る者』、創文社、一九七九年。

――、『トマス・アクィナスの《レス》研究』、創文社、一九八六年。

山本芳久、『トマス・アクィナスにおける人格の存在論』、知泉書館、二〇一三年。

――、『トマス・アクィナス　肯定の哲学』、慶応義塾大学出版会、二〇一四年。


井沢清、「トマス・アクィナスにおける自己認識論―その方法と順序―」、『中世思想研究』二十九、中世哲学会、一九八七年。

泉治典、「アウグスティヌス『三位一体論』における〈内的な言〉について」、『中世思想研究』七、中世哲学会、一九六五年。

稲垣良典、「トーマス・アクィナスにおける適合性（connaturalitas）による認識」、『中世思想研究』一、中世哲学会、一九五八年。

――、「トマス・アクィナスにおける形而上学と習慣」、『中世思想研究』二十、中世哲学会、一九七八年。

――、「ハビトゥスとナトゥーラ―トマス・アクィナスのハビトゥス概念についての一考察二」、『中世思想研究』十四、中世哲学会、一九七二年。

岡崎和子、「アウグスティヌスの『三位一体論』八―十四巻における神の似像について」、『中世思想研究』十五、中世哲学会、一九七三年。

小沢明也、「トマス・アクィナスにおけるハビトゥス的自己認識―デカルトにおけるコギトに抗して―」、『中世思想研究』三十八、中世哲学会、一九九六年。

小原琢、「トマスの神認識における人間の自然本性と神の恩恵―natura としての capax gratiae―」、『中世哲学研究：VERITAS』十四、京大中世哲学研究会、一九九五年。

川添信介、「トマスに於る人間知性の自己認識」、『中世思想研究』二十四、中世哲学会、一九八二年。

岸英司、「トマス・アクィナスにおける成聖の恩寵について」、『中世思想研究』十二、中世哲学会、一九七〇年。

――、「トマス・アクィナスにおける神の超越と内在」、『中世思想研究』十、中世哲学会、一九六八年。

桑原直己、『『神学大全』における〈ハビトゥス的賜物としての恩寵〉の意味について」、『中世思想研究』三十二、中世哲学会、一九九〇年。

今義博、「アウグスティヌスの神体験における自己存在の理解―存在の根源的理解への開け―」、『中世思想研究』十七、中世哲学会、一九七五年。

佐々木亘、「IMAGO に後続する類似性―トマス・アクィナスにおける像の完全性に関する類似性について―」、『中世哲学研：VERITAS』十四、京大中世哲学研究会、一九九五年。

高橋亘、「自己認識に就いて―アウグスティヌスとトマス・アキナスの場合―」、『中世思想研究』十九、中世哲学会、一九七七年。

千阪靖朗、「トマス・アクィナスにおけるハビトゥスの概念」、『中世思想研究』六、中世哲学会、一九六四年。

長倉久子、「トマス・アクィナスにおける神の像なる人間について」、『中世思想研究』十一、中世哲学会、一九六九年。

中沢宣夫、「聖アウグスティヌスに於ける memoria の一考察」、『哲学雑誌』七十（七二九）、哲学会、一九五五年、四十八―六十九頁。

――、「アウグスティヌスにおける精神のメモリアと言葉―照明説解釈の一考察―」、『哲学雑誌』七十六（七四六）、哲学会、一九六一年、二十九―四十二頁。

藤本雄三、「トマス『真理論』における被造的精神の「本質による認識」、『中世思想研究』十八、中世哲学会、一九七六年。

宮内璋、「自己―スペキエスを繞って―」、『中世思想研究』三十六、中世哲学会、一九九四年。

宮内久光、「トマスにおける可知的形象の意味」、『中世思想研究』十五、中世哲学会、一九七三年。

村上一三、「アウグスティヌスの三位一体論的思惟について」、『中世思想研究』十四、中世哲学会、一九七二年。

山田晶、「自然の光と恩寵の光」、『中世思想研究』一、中世哲学会、一九五八年。

Man as an Image of God in Thomas Aquinas

By
Yasuko MITANI

2016

Table of Contents

Abstract

Chapter I
Thomas' Definition of "Image" in *Scriptum super Libros Sententiarum*

This chapter will trace how Thomas formulates the definition of "image (*imago*)" in the *Scriptum super Libros Sententiarum Petri Lombardi*.

Following Peter Lombard, Thomas distinguishes a proper image and an improper one: an origin of the imitation is an exemplar which is not properly called image, and the latter imitation is a proper image.

Thomas' first notion of image appears in *Sent.* I, d.3, q.3, a.1, sol., though it may not exactly be called a definition: "An image, on the other hand, represents a thing more determinately (than vestige), according to all its parts and the arrangement of its parts, from which it is possible to perceive something of the inner characteristics of the thing (*de interioribus rei*)."

His second one in *Sent.* I, d.28, q.2, a.1, sol. is as follows:

"Now that in respect of which there is imitation is some quality, or form signified by way of quality. Hence, likeness (*similitudo*) belongs to the notion of image. This is not sufficient, however, for it is necessary that there be some approach to equality (*adaequatio*) in that quality, whether according to equality or according to proportion. ···Therefore, "approach to equality" is put into its definition. It is also necessary that this quality should be the express and proximate sign of the nature and species of the thing itself; ···." This is a more concrete definition than the first notion.

The third one in *Sent.* II, d.16, q.1, a.2, sol. is simple:

"That imitation which is in relation to the species, establishes the notion (*ratio*) of image."

Thomas' first notion has some ambiguous words like "arrangement of parts" or "inner characteristics of the thing". In the second definition, however, Thomas uses more metaphysical words like "form", "nature" and "species" which means his idea of image becomes more accurate and clear. In the third one, his definition becomes very simple. The only word that is left is "species" from the definition of Hilary of Poitiers. Thomas means "quiddity" i.e. "what the thing is" by the word "species" in this context. Therefore, he frames his definition of "image" which includes similitude, representation according to the species or the sign of the species, with the relation of origin which Hilary does not mention, in the *Scriptum*.

The word "species" can express the essence of the Holy Trinity and the distinction between the Three Persons at the same time. Thus, the word "species" will play an important role in the evolution of the definition of "image" in *Summa Theologiae*.

Chapter II
"Image of God" in *De Veritate*

Though the whole book of *De Veritate* and the question 10 start from the psychology based on the human nature, they take a structure of the ascent to God like Augustine's *De Trinitate*. Even though Thomas uses Aristotelian psychology which has acute observation and analysis as a tool, this question is in quest of "mind (*mens*)" of man as an image of God and is apparently a theological article.

In the first article of the same question, Thomas defines "mind" and gives solid ontological situation to it. "Mind" is also used as an intellect. It is all that belong to the intellectual level excluding any material condition.

If we take "mind" as a total of powers of the image, it can be called "potential whole (*totum potentiale*)". In a certain sense, if we take "mind" as a source from which each power naturally flows, it can be an essence of the soul, says Thomas in defense of Augustine.

In article 2, Thomas locates "memory (*memoria*)" in the intellectual level where it surpasses past, present and future. Thus, Thomas defines Augustine's "memory" as "habitual retention of the intellect" based on the Aristotelian psychology.

In article 3, on the foundation of this analysis of intellectual memory, Thomas arrives at the fact that there are two kinds of intellectual cognition. One is an actual cognition and the other is a habitual one. There are also three levels of the image of the Trinity: "potentially (*in potentia*)", "habitually (*in habitu*)" and "actually (*in actu*)". When the intellect actually understands, it expresses the best image of God that Thomas calls the "Perfect Imitation". However, when the intellect does not understand perfectly, there is a habitual image, which he calls "Imperfect Imitation". This is what we call Augustine's first image of God: "mind, knowledge, love (*mens, notitia, amor*)". Thomas also admits the lowest and potential image on the "intellect and will" of man.

In article 7, however, Thomas eliminates "memory" as an origin of the two processions of word and love, since "memory" which is habitual cognition, belongs to the same power- intellect as well as an actual cognition does. He comes to understand that the actual image is the most perfect image.

Moreover, in the same article, he classifies mental cognition according to three kinds of objects. In the case of temporal objects, there is no image of God at all. In the case of mind, there is "similitude of analogy", says Thomas. When mind understands itself and proceeds words, and when it loves itself and proceeds love; it analogically expresses the Personal Processions of the Word, the Son; and Love, the Holy Spirit. In the case of God, there exists "similitude of conformation". The more a person who cognizes is assimilated to the cognized which is God in this case, the more he becomes similar to God. As "similitude of analogy" will be elevated to "si-

militude of conformation", the mind will proceed to God, its exemplar and will be united with Him, that is the perfection of the "image of God".

Therefore, Thomas concludes that the image of God exists in our mind primarily and principally by understanding God, and secondly by understanding mind as an image of God.

Thomas found out that Augustine's "memory" is a habitual retention of the intellect and eliminated it from Augustine's second triad "memory, understanding, will (*memoria, intelligentia, voluntas*)". Therefore, question 10 of *De Veritate* is the critical question where Thomas shifts to the actual image of God as processions of "word and love (*verbum et amor*)" in the human mind.

Chapter III
The Origin of Two Processions of Word and Love

The purpose of this chapter is to trace how Thomas Aquinas inherits Augustine's idea of "image of God", evolves it and establishes his own concept.

In *De Trinitate*, Augustine discovered the structure of trinity in "mind, knowledge, love (*mens, notitia, amor*)"in Book 9, ascending higher, he discovered "memory, understanding, will (*memoria, intelligentia, voluntas*)" in Book 14, and finally, he discovered a similarity between "the formations of word and love" in the human mind and "the processions of the Word and Love" in the Holy Trinity in the last Book.

Following Peter Lombard, Thomas places stress upon the second triad and treats them as three powers in his *Scriptum super Libros Sententiarum*.

In *De Veritate*, Thomas analyzes Augustine's "memory" with Aristotle's psychology, and defines it as "habitual retention in the intellective part". He adopts an analogical similarity between human word and love on one hand, and the Word and Love in the Holy Trinity on the other hand, from the last book of Augustine's *De Trinitate*. Then he substitutes "mind" for "memory" as an origin of the two processions, since he identifies "memory" with intellect.

In *Summa Contra Gentiles* for Thomas , "mind" is an origin of the two processions, but in *De Potentia*, a rational creature can express "the image of God", when he understands and loves God and himself. As Thomas defines "mind" as a "potential whole" which is incompatible with habitual "memory", he eliminates the meaning as well as the word of Augustine's "memory" in *Summa Contra Gentiles* and in *De Potentia*.

Finally in *Summa Theologiae*, Thomas designates their origin as "knowledge (*notitia*)" which was retained in Augustine's "memory". Therefore, he has returned to Augustine's concept but not to the word "memory".

"Knowledge of self" in the "memory of self (*memoria sui*)" of Augustine is defined as "the presence of the soul's essence to itself", and "knowledge of God" in the

"memory of God (*memoria Dei*)" is defined as "the presence of God in the mind" in *De Veritate*. Therefore, Augustine's "memory" finds its place in Thomas' ontology.

Although we can fully represent "image of the Trinity" in action (*in actu*), we cannot always be in action. Therefore, Thomas allows it to be potentially represented in our powers, i.e. intellect and will, though it is the lowest "image". Thus, Thomas founded his own concept of "the image of God" in *Summa Theologiae*.

Chapter IV
The Definition of "Image" in *Summa Theologiae*

This chapter will trace how the definition of "image" is formulated in *Summa Theologiae* by Thomas Aquinas, since he did not pay much attention to it in *De Veritate*.

In *Summa Theologiae*, Part I, question 35 and the first two articles of question 93, Thomas completes his definition of "image" as "imitation of divine nature (*imitatio divinae naturae*)" in the rational creatures. This definition includes the similitude in species or at least in some specific accident and the idea of origin, that is, a relation between the prior "exemplar" and the posterior "exemplum". Species in this context also means "quiddity (*quidditas*)", i.e. what the thing is.

After the article 5 of question 93, however, he steps forward to define "image" as "representation of species (*repraesentatio speciei*)", which reveals not only the divine nature, but also the intellectual activity of the Three Persons of the Trinity. As the Father proceeds the Word, the Son, and the Father and the Son proceed Love, the Holy Spirit; man too, when he proceeds words and love through the intellect and the will, can be an image of the Holy Trinity.

Moreover, Thomas discovers two movements implied in the preposition "to (*ad*)" in the words "to the image of God (*ad imaginem Dei*)" from Geneses 1:26. A man was produced "according to the image of God (*ad imaginem Dei*)" and is supposed to approach "towards the image of God (*ad imaginem Dei*)". Therefore, "the image" signifies both an origin and a goal of man.

Thus, his definition of "image" evolves from the potential and static one to the active and dynamic one.

Chapter V
The Problem of Self-Cognition

In *De Veritate*, Thomas mentions "habitual self-cognition" along with "actual self-cognition". However, he does not deal with "habitual self-cognition" in *Summa Theologiae* anymore. Besides this, Shinsuke Kawazoe insists that Thomas still keeps "habitual self-cognition" in *Summa Theologiae*. How should we interpret this problem?

Kawazoe says that Thomas' examination of self-cognition is more comprehensive, admitting habitual self-cognition as one aspect of cognition in *De Veritate.* In *Summa Theologiae,* however, his examination is restricted only to the actual self-cognition and he does not deal with the habitual cognition in this context, though he still keeps it as one of the cognition.

The reason why he takes this stance seems to me that he thinks "the presence of the mind itself" in *Summa Theologiae* is the same with "the presence of soul's essence" in *De Veritate.* Thomas, however, declares that "mind" is a "potential whole" in *De Veritate*, and is not exactly "the essence of the soul" as we saw in Chapter II. He says that the intellect cognizes itself not through its essence, but through its activity in *Summa Theologiae*. He treats "mind" as a principle of cognitive activity, but "the presence of soul's essence" is not an activity. Therefore, the habitual cognition through "the presence of soul's essence" cannot be called proper cognition anymore.

Thomas insists in *Summa Theologiae* that everything is known through its act, and not through its potentiality. As a habit fails in being a perfect act, it is also insufficient to be knowable. Therefore, "habitual self-cognition" cannot be called a "self-cognition" in a strict sense, but it should be called a "self-knowledge", says Thomas.

Moreover, he says that "habit (*habitus*)" is present in our intellect, not as its "object", but as its "form". Thus, in *Summa Theologiae,* the "habitual self-cognition" loses its place as "cognition", but plays a role of its "form".

Along with these affirmations, Thomas states that there are two kinds of self-cognition, a particular one and a universal one. In the former case, mere "presence of the mind" is sufficient: since the "habitual self-knowledge" plays a role of its "form", one knows himself reflexively. In the latter case, one knows himself understanding through the act of cognition of other being, so that its possible intellect can be activated by its "species". Thus, one has to examine his nature carefully in order to determine what one should be, and even to "the image of God" in the light of the divine Truth.

When we return to ourselves through the self-cognition, we can reach the "Existence Itself" as a principle of intelligibility i.e. we judge the conformity of the subject and the predicate on the base of their existence. Thus, we will find out what we should be, as participants of this "Existence". Therefore, Thomas re-organized the frame of "self-cognition" in a manner of act, and re-defined more clearly the nature of man and the image of God in *Summa Theologiae.*

Chapter VI
The Concept of "Habit" in the Theory of Grace

How is "habit (*habitus*)" understood in Thomas' theory of grace? Many kinds of theories have been disputed so far, such as, grace is not strictly speaking "habit" or

that Thomas has hesitated to call grace "habit".

In fact, Thomas himself says in *De Veritate* that it is not proper to call grace "habit", since grace is not directly related to act, but is related to a certain spiritual existence in the soul.

However, in *Summa Theologiae*, Part I-II, question 49, article 1, Thomas quotes the definition of Aristotelian "habit (*hexis*)" as follows. "'Habit' is a disposition by which what is disposed is disposed well or ill, and this, either in regard to itself or in regard to another." But in article 3 of the same question, Thomas adds the explanation to the phrase: "either in regard to itself, that is to its nature, or in regard to another, that is to the end." Aristotelian "habit" is apt to be stressed on the repetition of acts. Aristotle himself, however, mentions "habit" as "a disposition of the perfect to the best; and by perfect I mean that which is disposed is in accordance with its nature" in his *Physica*.

Therefore, Thomas understands "habit" as an accidental form, which is primarily and of itself related to its nature, and as a result, which is related to an act as far as the end of its nature.

When we understand "habit" this way, it can also be applied to grace. If we consider that grace restores and justifies man from his corrupted state and makes him pleasing to God, it is clear that this grace is not directly related to act, but rather to the nature and existence of man.

Ryosuke Inagaki states that sanctifying grace (*gratia gratum faciens*) is not strictly speaking "habit" nor virtue. As he treats "habit" on the same level with virtue, he only takes it in relation to act, and he does not pay much attention to the "habit" in relation to nature, which we can notice from his Japanese translation. If we enlarge the meaning of Aristotelian "habit" in relation to nature, we can interpret it even to grace in the supernatural field. Thomas also declares that grace is not the same with virtues, and that it is rather a "principle and root (*principium et radix*)" which infused virtues assume.

Inagaki also emphasizes the transcendence of God's will which interiorly moves human soul, rather than grace which is framed to the inner quality or something habitual by scholastic theologians. He seems to understand that once grace is given to a man, it becomes a certain quality in the human soul isolated from God, which means that his idea of grace seems very static. When we say, however, that sanctifying grace is "entitative habit *(habitus entitativus)*", it is clearly in accordance with Inagaki's Metaphysics of Existence. By participating in the divine nature, which is Existence Itself, man is intimately united with God at the most interior part of his soul and can act positively moved by His will. This is a very dynamic interpretation of grace and does not negate God's transcendence at all.

Naoki Kuwabara says that Thomas admits grace as "habit" in *Summa Theologiae*, part I-II, q.50, a.2, corp., but he hesitates to call it "habit" even in the same book,

since he does not clearly call grace "habit" but rather "habitual grace" after part I-II, question 109. He thinks that Thomas was doubtful to apply "habit" which belongs to an interior category to grace which is supposed to be an exterior cause of the human deeds, from the point that Aristotelian cycle of nature is perfect and closed. However, grace is God's gratuitous will and can work in the inner soul of man who is a participant of His Existence, and can elevate him to the divine nature. Therefore, it is inadequate to call sanctifying grace an exterior cause.

Nevertheless, Thomas apparently mentions that grace is "habit" in Question 50 in the same part and there are many articles where he uses "habitual grace" which is supposed to signify "habit". Thomas also applies "habit" to grace in the third part of *Summa Theologiae*. Therefore, it is unacceptable to think that Thomas hesitates to call grace "habit" in *Summa Theologiae*, but it can be recognized that he applies "habit" to grace, especially to sanctifying grace in regard to the nature and existence of man.

On the other hand, there are many affirmative theories. Garrigou-Lagrange and Eiji Kishi call sanctifying grace "entitative habit (*habitus entitativus)*". Akira Yamada states that grace is a kind of gift infused by God's gratuitous will and it will become a kind of "habit" in the soul of man, so that he may have an inclination to the supernatural virtues. Joseph Pohle also mentions that sanctifying grace is definitely expressed as "habit". The author agrees most of the theories, but no one pays much attention to the relationship between Aristotelian "habit" in relation to nature and Thomas' sanctifying grace. Pohle refers to it a little, but he still stays in relation to nature alone and does not go farther to the enlarged, supernatural interpretation of "habit" which is applied to sanctifying grace by Thomas.

The author thinks that when Thomas applies "habit" to sanctifying grace, he enlarges the meaning of Aristotelian concept of "habit" and ascends into the supernatural sphere. Consequently, sanctifying grace can be said as a principle and root (*principium et radix*) "habit" which can also be called as "entitative habit (*habitus entitativus)*". It gives man an inclination to the supernatural good deeds as a form, and "operative habit (*habitus operatives)*" as virtues, which flows from the powers of the soul, can have meritorious deeds.

Thus, with the gift of sanctifying grace as a principle and root habit, man can have possibilities to be a perfect "image of God" proceeding word and love of God in an active manner.

索引

（抽出した頁番号は主なものに限る）

さ行

た行

な行

は行

ま行

ら行

著者略歴

三谷《みたに》　鳩子《やすこ》

1946 年　京都市生まれ
1968 年　聖心女子大学外国語外国文学科英文学科卒業
1974 年　米国シカゴ・ロヨラ大学大学院神学研究科中退
1995 年　東北大学大学院国際文化研究科博士課程前期 2 年の課程修了
2007 年　東北大学大学院文学研究科博士課程修了　文学博士
2000 年　仙台白百合女子大学非常勤講師

著書　『21 世紀の哲学史』 昭和堂、2011 年（共著）

トマス・アクィナスにおける神の似像論
Man as an Image of God in Thomas Aquinas

2016 年 12 月 7 日　初版第 1 刷発行
著　者／三谷鳩子
発行者／久道　茂
発行所／東北大学出版会
〒 980-8577　仙台市青葉区片平 2-1-1
TEL：022-214-2777　FAX：022-214-2778
http://www.tups.jp　E-mail：info@tups.jp
印　刷／東北大学生活協同組合
〒 980-8577　仙台市青葉区片平 2-1-1
Tel：022-262-8022

ISBN978-4-86163-273-0 C3010
定価はカバーに表示してあります。
乱丁、落丁はおとりかえします。